STREET TRAD
ストリート・トラッド
～メンズファッションは温故知新

I don't Have to Sell my soul

佐藤誠二朗［著］
SEIJIRO SATO
矢沢あい［挿画］
AI YAZAWA

集英社

STREET TRAD

ストリート・トラッド

〜 メンズファッションは温故知新 〜

佐藤誠二朗

集英社

はじめに

〝ストリートファッション〟とは何か？

ウィキペディアによると、「ファッションデザイナーや企業主導ではなく、ストリートにたむろする若者たちのなかから自然発生的に生まれたファッション」とされる。少数の、主に非エリートの若者たちの間で生まれ、口コミで広がっていくカジュアルスタイルのことである。

原点は一九三〇年代にドイツで発生したスウィングキッズと、ほぼ同時期にアメリカで発生したズーティーズであると考えられる。以降、世界のストリート（日本で認知されるものの多くはイギリスとアメリカ発祥だが）からさまざまなスタイルが誕生し、世界の若者へ広がった。

現代の日本の若者、いや、二十一世紀の現在においては、若者だけではなく大人の服装にも、あらゆる時代のストリートスタイルの名残や影響が随所に見られる。

例えば、若者が最新ファッションのひとつと認識して履いているドクターマーチンのブーツは、一九六〇年代のストリートカルチャーであるスキンヘッズたちがおしゃれに取り入れ、一九七〇年代のパンクスが引き継いだものだ。平日はスーツで働く現代のサラリーマンの休日服がBボーイ風であったりスケーター風であったり、表参道を闊歩する妙齢の女性がロッカーズ由来のライダースを羽織っていたりということも普通に見受けられる。

しかしストリートスタイルは、アンチファッションであるという側面を持っている。大人がつくった社会規範に対する若者の反抗の証として生まれてくるものだからだ。同様に社会情勢を反映して誕生する音楽シーンからの影響も色濃い。特に音楽産業が飛躍的に発展した一九七〇年代以降は、グラム、パンク、ヒップホップ、グランジなどの音楽シーンとストリートスタイルは切っても切れない関係になった。

社会情勢や音楽からの影響を受けつつ、大人の世界ではしてはいけないと思われている服装、奇抜で面妖な服装、かっこ悪いとされている服装、つまり既存のファッションの価値観とは大きく異なる服装を、共通のライフスタイルを持つ限られた仲間内だけでかっこいいと認定することで成立するのがストリートスタイルだ。

元来は破壊的なアンチファッションでありながら、いまやすっかり大衆に受け入れられたメジャーファッションでもある。ストリートスタイルというものが内包するこうした矛盾を解くカギを見つけることはできないか、というのが本書に取り組もうと思ったきっかけだった。そして本書を執筆するために詳しく調べていくうち、ストリートスタイルの反逆性とトラッド性の関係が、やがて明らかになっていったのである。

ストリートスタイルは幾度も原点回帰を繰り返し、過去へリスペクトをしながら変質を繰り返してきた。社会への反逆の証として誕生したひとつのストリートスタイルは、数珠つなぎのように連綿と受け継がれたり、消えたと思ったスタイルが突然復活したりしながら、二十一世紀の現在のファッションに反映されている。

したがって、過去のストリートスタイルを振り返れば、現在のファッションへの理解は確実に深まるはずだ。ストリートのファッションとカルチャーの歴史をたどる旅に、しばしおつきあいいただきたい。

CONTENTS

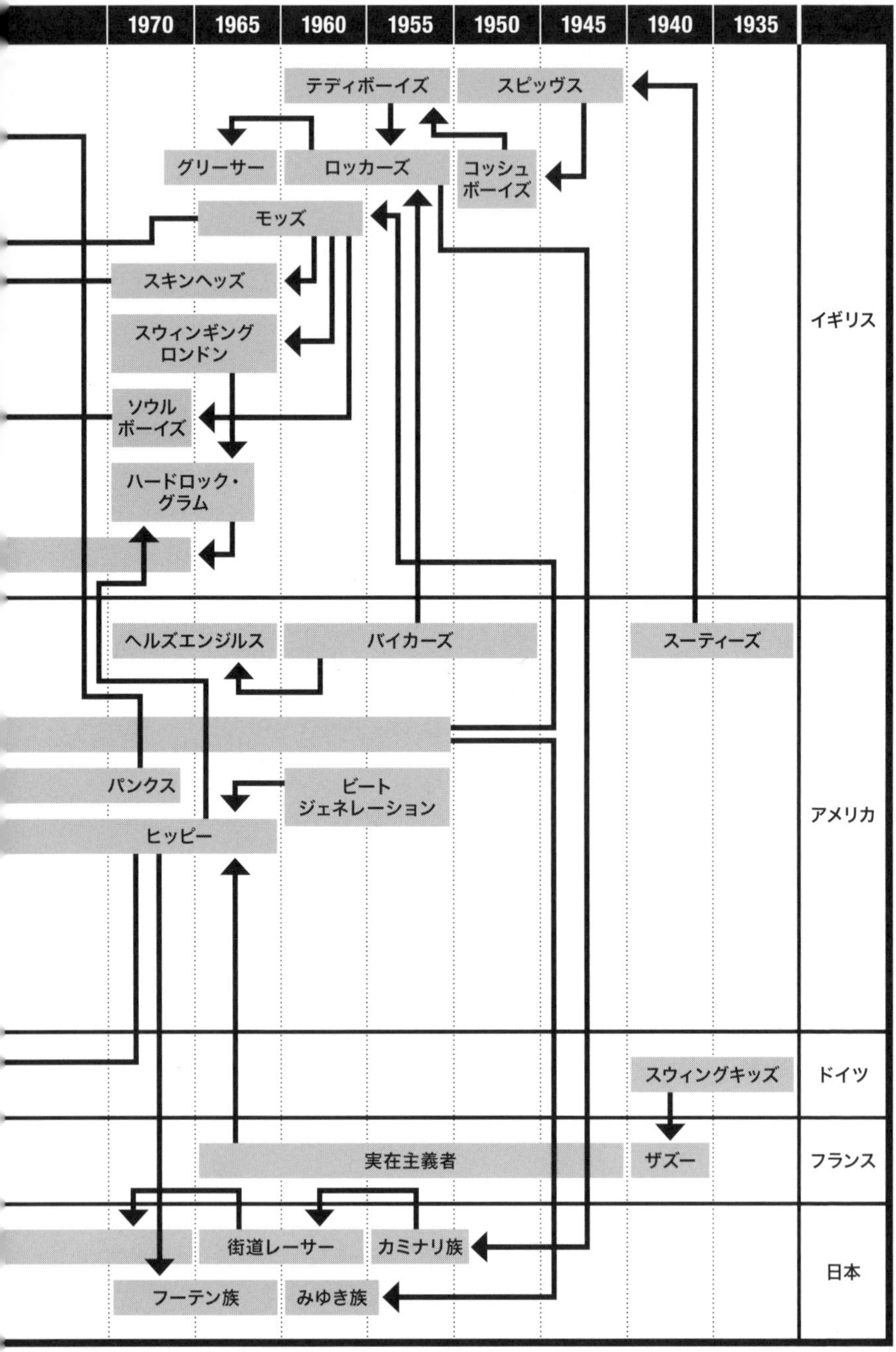

1970
1965
1960
1955
1950
1945
1940
1935
テディボーイズ
スピッヴス
グリーサー
ロッカーズ
コッシュボーイズ
モッズ
スキンヘッズ
スウィンギングロンドン
ソウルボーイズ
ハードロック・グラム
イギリス
ヘルズエンジルス
バイカーズ
スーティーズ
パンクス
ビートジェネレーション
ヒッピー
アメリカ
スウィングキッズ
ドイツ
実在主義者
ザズー
フランス
街道レーサー
カミナリ族
フーテン族
みゆき族
日本

STREET TRAD

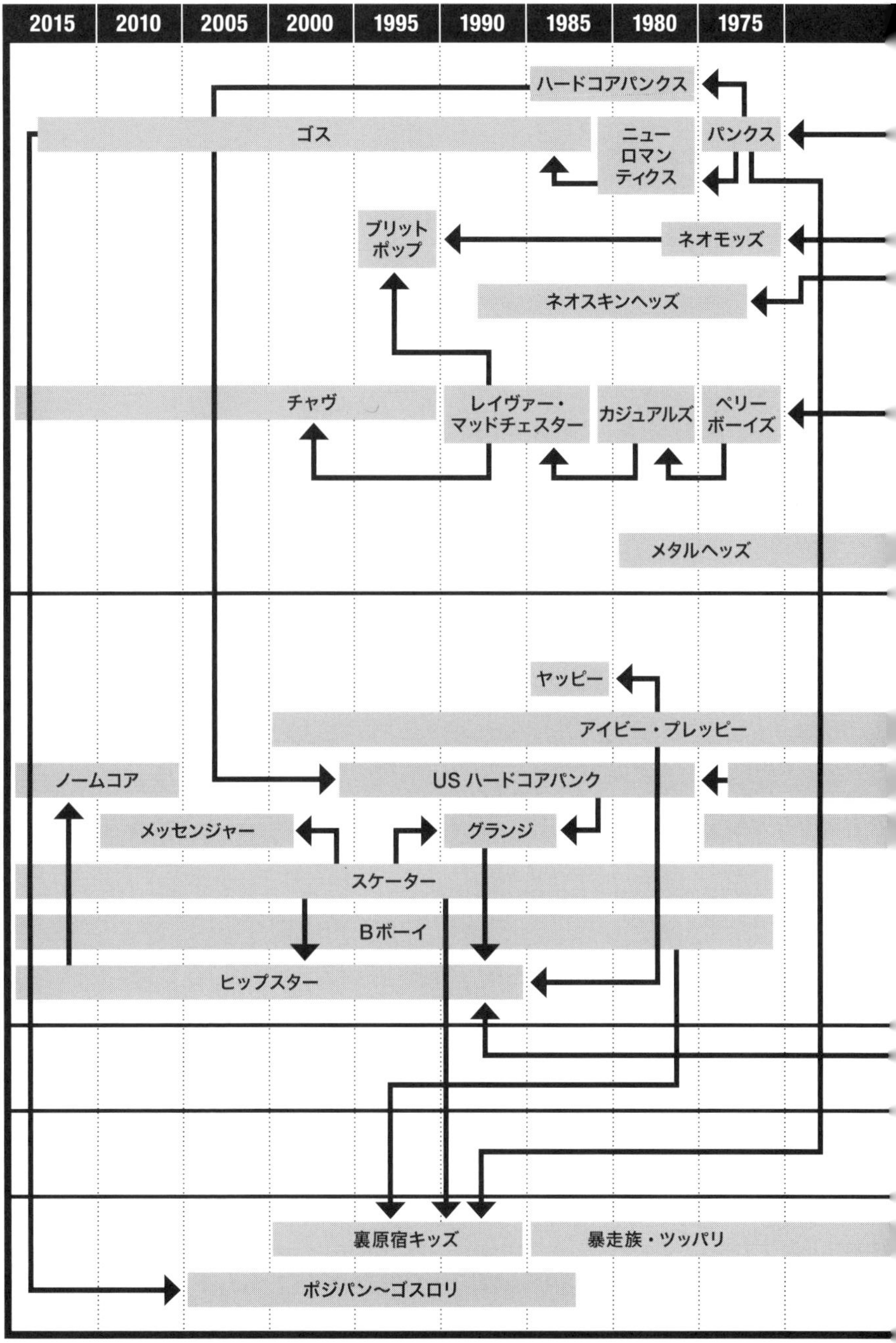
2015
2010
2005
2000
1995
1990
1985
1980
1975
ハードコアパンクス
ゴス
ニューロマンティクス
パンクス
ブリットポップ
ネオモッズ
ネオスキンヘッズ
チャヴ
レイヴァー・マッドチェスター
カジュアルズ
ペリーボーイズ
メタルヘッズ
ヤッピー
アイビー・プレッピー
ノームコア
USハードコアパンク
メッセンジャー
グランジ
スケーター
Bボーイ
ヒップスター
裏原宿キッズ
暴走族・ツッパリ
ポジパン〜ゴスロリ

装画・挿画	矢沢あい
装丁	岩瀬聡
本文デザイン	矢野知子
校正	加藤優
編集	志沢直子（集英社）

PART
01

ナチスへのレジスタンス精神が
生んだスタイル

SWING KIDS & ZAZOUS

スウィングキッズ、ザズー

年代 ／1930～1940年代
発祥 ／スウィングキッズ：ドイツ〈ハンブルク〉
ザズー：フランス〈パリ〉
系統 ／ドレスアップ系　音楽系　ダンス系

中心メンバーの属性
階級 ／ワーキングクラス
人種 ／白人
信条 ／反体制

SWING KIDS

スウィングジャズ

一九三〇年代、ナチス政権下にあったドイツの港湾都市ハンブルクに、敵国であるアメリカで誕生した音楽、スウィングジャズを愛好する若者たちがいた。

スウィングジャズとは、一九二〇年代にニューヨークの黒人居住区を中心に起こった芸術運動、ハーレム・ルネサンス期に生まれた音楽。文字どおり、揺さぶるような激しいリズムを持つ、軽快なダンスミュージックである。後の時代のジャズで多用されるようになるアドリブやソロはおこなわず、念入りな打ち合わせのもと、大編成のバンド全体によって奏でられる、アンサンブルに重点が置かれた古典的なジャズだ。

スウィングジャズは一九三〇年代から一九四〇年代にかけて世界的に流行したが、一九三三年にヒトラーが首相に就任し、国家社会主義ドイツ労働者党（ナチス）が政権を獲得して以降のドイツでは、なかなか一般市民が聴くことはできなくなった。選民思想に基づくヒトラー独裁体制のもと、外国人アーティストによるレコードや楽譜が、店から徐々に姿を消していたからだ。

はっきり違法とされたわけではなかったが、アフリカ系アメリカ人文化であるジャズも、アンチアーリアン的とみなされ、ドイツ社会から排斥されていった。かわりにナチス政府が推奨したのは、ドイツの民族音楽や、戦意高揚のための軍楽＝マーチである。

反抗の証

しかし、都市の一部の若者はその押しつけを拒否した。彼らはカフェやバー、あるいは自宅に集い、アメリカからやってきた最先端の音楽であるスウィングのリズムを全身に浴び、激しいステップでダンスに興じた。いつしか、彼らはスウィングキッズ(現地での呼び名はスウィングユーゲント)と呼ばれるようになっていく。

当時の一般的な若者は、ナチスの全体主義に迎合し、質素で均一的な服装と短く刈り込んだ模範的な髪型をしていたが、スウィングキッズはツイードのジャケットを着こなし、髪を長く伸ばした。くしで後ろに流された彼らの長い髪は、ウィップ(鞭)と呼ばれた。スウィングキッズにとってこうした華々しいファッションは、自国の重苦しい政治、社会、体制への反抗の証なのであった。

敵国映画スターの模倣

スウィングキッズのファッションのお手本となったのは、彼らが好んで観ていた映画に出演するスターたちである。アメリカでは一九三〇年代初頭から、『犯罪王リコ』、『民衆の敵』、『暗黒街の顔役』など、アウトローを主人公とするギャング映画が次々に公開され、一大ブームになっていた。スウィングキッズが真似したのは、敵国アメリカのハリウッド映画に登場する、こうしたギャングスターのスタイルなのだ。

男性は幅広のラペルを持つダブルブレストのスーツと、ゆったりとしたシルエットのトレンチコートを着て男らしさをプッシュし、女性は体のラインを強調するドレスやセーターを身につけ、セクシーさを表現した。

スウィングキッズの女性は、当時のドイツ人一般女性の間で禁忌とされていた、派手なメイクも施した。ナチスは、化粧は女性の自然な美しさを台なしにすると喧伝していたのだが、彼女たちは、唇には明るい口紅を、目元には濃いアイシャドウをつけた。これもまた、反逆の印だったのだ。

「犯罪王リコ」DVD

彼らは、自分たちは最新のトレンドをつくっていると自負していた。スウィングキッズの派手やかないでたちは明らかに普通の者とは異なり、戦争へとひた走る暗澹《あんたん》とした社会の中で、相当に目立っていたという。敵国の音楽と映画を愛し、服装や髪型で体制への反逆の精神を表現する――まさにストリートスタイルの原点と考えられる、マイノリティーの不良スタイルであったのだ。

反逆と弾圧

目立つ存在だったスウィングキッズは、敵国文化にかぶれた退廃的で反抗的な若者ととらえられた。スウィングキッズの中には、高価な衣類を買う余裕のある者も少数はいたが、ほとんどは新しい服を買うことが難しいワーキングクラスの者たちであった。そのため彼らは、古着、あるいは自作の服でおしゃれを楽しんだのだが、中には盗みで調達する者もいて、その悪評に拍車がかかってしまう。

一九四〇年、ハンブルクでスウィングキッズの自主的な大イベントがおこなわれると、ナチス当局も彼らへの警戒を強めるようになる。ゲシュタポ(ナチス党秘密国家警察)予備軍として幅を利かせるヒトラーユーゲント(ナチス党内の青少年組織に端を発した、学校外の放課後における地域の党青少年教化組織。一〇歳から一八歳の青少年全員の加入が義務づけられた)によって、スウィングキッズは迫害されるようになっていく。

映画『スウィング・キッズ』より
(Album/アフロ)

一九四二年頃になると、弾圧はますます強化され、逮捕されて強制収容所に送られるスウィングキッズが増加した。三百人以上のスウィングキッズが、ゲシュタポ刑務所や収容所に送られ、強制労働を強いられたという記録も残っている。

だが、ストリートに残ったスウィングキッズは一九四五年の終戦まで、ナチスに反抗をつづけた。みずからの手で築き上げたライフスタイルを堅持し、自由を主張しつづけたのである。

一九九三年に公開されたアメリカ映画、その名も『スウィング・キッズ』では、嫌悪するヒトラーユーゲントに否応なく入団しながら、夜はスウィングキッズをつづける主人公の葛藤と苦闘のさまが、まざまざと描かれている。

ザズー

スウィングキッズの流行は一九四〇年頃、ドイツ統治下のフランスにも小規模ながら飛び火し、彼らにはザズーという呼び名が与えられた。

占領下ではあったが、ファッションの本場であるパリのシャンゼリゼ界隈に発生したザズーはひときわおしゃれだった。男性はたくさんのベントとポケットのついた、ダブルブレストの大きなジャケットに、くるぶし丈のパンツ。ハイカラーのシャツに極細のネクタイを締め、金色のピンで留めていた。ソックスと胸元のハンカチは白か明るい色を選んでアクセントにし、髪型は油をたっぷりと塗り、前髪を突き出させるポンパドールヘア。女性のザズーも男性と同様、肩パッドの入ったブカブカのジャケットを着こなし、ポロカラーセーターやプリーツ入りの短いスカートを合わせた。

ザズーもまた、夜な夜なナイトクラブに集まり、スウィングのレコードで密かに踊りあかした。そのナイトクラブは、やがてディスコティークと呼ばれるようになる。ディスコの起源である。

しかし彼らもスウィングキッズと同様、ナチス当局から厳しい弾圧を受けた。一九四二年七月には、ナチス側に協力していたフランス人青年グループであるジュネス・ポピュレール・フランセーズがザズー狩りを決行。バリカンで武装して襲撃し、ザズー自慢の服や髪の毛を切り刻んだ。ナチス統制下のメディアもザズー批判を強め、彼らを強制収容所に送ろうというキャンペーンを展開したため、フランスがナチスから解放される一九四五年を待たず、ザズーは街から消えていったのであった。

PART
02

暴動まで起こしたド派手な装いの
アンダークラス

ZOOTIES

ズーティーズ

年代 ／1930〜1940年代
発祥 ／アメリカ〈カリフォルニア〉
系統 ／ドレスアップ系　音楽系　ダンス系

中心メンバーの属性
階級 ／アンダークラス
人種 ／黒人　メスティーソ
信条 ／反体制

Zooties

底辺の若者たち

ヨーロッパでスウィングキッズとザズーが盛り上がっていた一九三〇年代末から一九四〇年代初頭にかけ、ジャズの本場アメリカでも、反逆のストリートスタイルが生まれていた。

このカルチャーの立役者は、まだ差別も根強く残っていた当時のアメリカ社会で生きる、アフリカ系黒人、そして戦時体制のアメリカ軍へ服務するため、南カリフォルニアへ移住してきたメキシコ人（いわゆるチカーノ）。つまり、社会の底辺に位置する非白人系の若者だった。

虐げられた生活により、社会に対する不満をため込んでいた彼らは、そのはけ口として、派手な服装でキメこみ、夜な夜なジャズのリズムに酔いしれることで鬱憤を晴らした。彼らは縮れた髪の毛を薬品でまっすぐに伸ばす、コンクというヘアスタイルを好み、アヴァンギャルドなスーツに身を包んだ。

映画『風と共に去りぬ』より
(Photofest/アフロ)

全体にダブダブのシルエットで、赤や黄色、ピンクなど目立つ色彩の布地を使うことが多かったその服は、ズートスーツと呼ばれた。一説では、ジョージア州のとある仕立屋がミュージシャンからの注文を受け、一九三九年公開の大作映画『風と共に去りぬ』でレット・バトラーが着ていたウエスタンスーツをヒントに考案したといわれている。

膝に届きそうなほど長い着丈で、大きな肩パッドが入ったジャケットと、極端に太く、足首にかけて細くなるダブダブのペッグトップパンツが基本スタイル。パンツの股上は深く、サスペンダーで胸下あたりまで吊り上げられていた。スーツに合わせるシャツやネクタイ、帽子も悪趣味といえるほど派手なものが好まれた。

ズートというのは、もともとは合いの手や掛け声を意味するジャズ用語ZOOTIEが語源で、それが〝イカれた〟とか〝先端的な〟を指すスラングへと転化した言葉である。そして、このスタイルを好む者はズーティーズと呼ばれるようになる。

一九五〇年代から一九六〇年代にかけて公民権運動を先導する黒人活動家のマルコムXも、一九四〇年代当時は、ニューヨークのハーレムでギャンブルや麻薬取引、売春斡旋、強盗などに手を染める、典型的なズーティーズの不良少年であったという。

社会への反抗

ビッグバンドジャズとブルースをかけ合わせたジャンプブルースの代表的ミュージシャンであり、R&Bの先駆けとなったサックス奏者ルイ・ジョーダンや、モダンジャズの原型スタイルであるビバップを築いたトランペット奏者のディジー・ガレスピーなど、当時の人気ミュージシャンが好んで着たこともあり、ズートスーツは若者の間で、瞬く間に流行していく。

ディジー・ガレスピーが当時在籍していたビッグバンドのリーダーは、エネルギッシュなスキャット唱法で知られるジャズシンガー、キャブ・キャロウェイである。彼もまた典型的なズーティーズファッションで身を固めていた。一九三〇年代初頭から一九四〇年代後半にかけて、彼のビッグバンドは、黒人のバンドとしてはアメリカ最大級の人気を博していた。

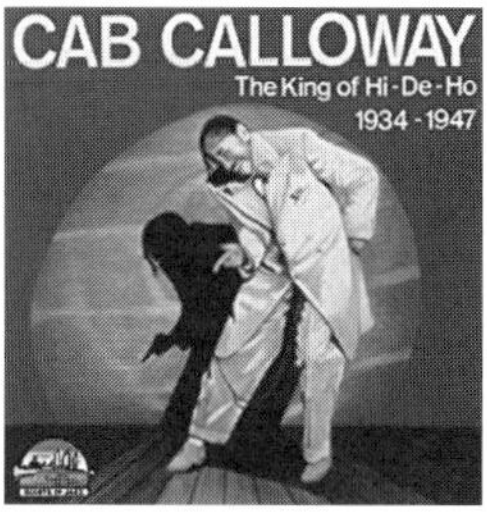

ズートスーツを着込む
キャブ・キャロウェイ

キャブ・キャロウェイは一九三九年、『キャブ・キャロウェイのヘップスターズ・ディクショナリー』、一九四四年にはその新版である『新・キャブ・キャロウェイのヘップスターズ・ディクショナリー／ジャイブ語辞典』という本を出版する。キャブ自身が歌の中で使うような黒人特有の英語である〝ジャイブ〟を解説した書である。

〝感覚が鋭敏な人〟を指す造語ヘップスター（HEPSTER）は、変形してヒップスター（HIPSTER）となり、後の時代のストリートカルチャーでもしばしば使われる言葉となる。

ズートスーツライオット

シンプルで実用的なスーツスタイルが浸透し、男性の華美な装いは好ましくないものと思われていた当時の社会で、実用性とはほど遠いド派手なズートスーツで身を包む集団は、まさに社会の異端分子という趣。第二次世界大戦のさなかであり、日米開戦の足音もはっきりと聞こえてきたこの時代、ズーティーズは世間から白い目で見られる存在であった。

一九四一年頃、ズーティーズの流行は頂点を迎える。しかし翌一九四二年、米国政府の戦時生産局は、スーツに使う羊毛の量を26％削減するという規制を発令。この法律により、普通のスーツよりもずっと多くの布地を使ってつくられるズートスーツは、着ているだけで違法とみなされることになった。しかし、反抗心に燃える若者は、こうした規制を無視し、闇の仕立屋でつくったズートスーツをこれ見よがしに着つづけた。白人の海兵隊員の中には、ズーティーズを見かけると、寄ってたかってその衣服を引っぺがす、ズートスーツ狩りをおこなう者がいたが、ズーティーズは身命を賭してこのカルチャーを守り通した。

一九四三年六月には、ロサンゼルスで〝ズートスーツライオット〟と呼ばれる暴動が起きる。ロサンゼルス海軍基地所属の海兵隊員が、在米二世メキシコ人ズーティーを攻撃したことがきっかけではじまった暴動は一週間も続いた。たとえ非愛国的だと非難されようとも、もともと虐げられる立場にあった彼らにとっては関係ないことだったので、一歩も引かなかったのだ。

だが、戦火が激しさを増すにつれ、アメリカでのズーティーズの流行は否応なく収束していく。そして戦後になると、ズートスーツ集団が海を越えたイギリスで出現する。スピッヴスである。

PART
03

アメリカ黒人からイギリス白人へ伝播した
アウトロースタイル

SPIVS & COSH BOYS

スピッヴス、コッシュボーイズ

年代 ／1940〜1950年代
発祥 ／イギリス〈ロンドン〉
系統 ／ドレスアップ系　ギャング系

中心メンバーの属性
階級 ／アンダークラス
人種 ／白人
信条 ／アウトロー

Cosh boys

イギリスに登場したズートスーツ集団

南ロンドン。テムズ川をはさんでシティ・オブ・ロンドン（金融街の〝シティ〟）と隣接するサザーク自治区が、スピッヴス発祥の地とされている。戦後の混乱期、この地区で起こった闇市で活動する業者、つまりヤクザな闇屋のスタイルこそ、スピッヴスである。

当時のイギリスは、戦時中にアメリカから負わされた借款の返済のため、国家が破産状態にあり、国民の生活は相当に困窮していた。生活必需品は戦争中と同様、配給によって提供されていたが、スピッヴスは裏ルートで仕入れた配給品や盗品を闇市で売りさばき、利ざやを得ていた。彼らが扱う商品は、卵やチョコレートなどの日常的な食料品から、当時はまだ珍しかったナイロン製の衣類や輸入品の腕時計まで、非常に幅広かったという。

当初は裏社会の存在として、極力目立たぬように行動していたスピッヴスだったが、必要悪であった闇市の需要が拡大する世情に乗じて暗躍し、やがては表通りで大手を振って歩くようになる。闇取引で儲けた金であつらえた上質の服に身を包む彼らは、質素な服装の人々であふれる戦後のロンドンの街頭では、ひときわ目立つ存在であった。

そんな彼らが好んだスタイルが、アメリカからもたらされたズートスーツだ。イギリスにズートスーツを持ち込んだのは、戦争中にイギリス軍と交流のあったアメリカの黒人ＧＩだったとも、当時はまだイギリス領だった西インド諸島からの移民だったともいわれている。

一九四〇年代後半、ときの英国政府は国内の労働力不足打開のため、独立したてのインドやパキスタン、そして当時まだ植民地として支配していたジャマイカをはじめとする西インド諸島から大量の移民を受け入れる政策をとっていた。ジャマイカからの移民は、イギリス国内でルードボーイズと呼ばれる独自のカルチャーを築いていくのだが、それはまた後の時代、一九六〇年代の話だ。

本家のズーティーズと根本的に違う点は、スピッヴスの多くが白人であったということである。つまり彼らは、非白人の象徴だったアメリカのストリートスタイルを輸入し、白人のものへと変換してしまったのだ。

スピッヴスからコッシュボーイズへ

ただしスピッヴスは、ストリートスタイルの重要な定義のひとつを欠いている。生き馬の目を抜くような闇社会での取引を生業にしていた彼らは、三十代から五十代の狡猾な男性が中心だった。つまりスピッヴスとは、若者文化とはいえないものだったのだ。

そして一九五〇年代初頭になると、ロンドンのイーストエンドの裏通りに、スピッヴスのスタイルを真似する者たちが登場する。スタイルはスピッヴスのそれとほとんど同じだったし、闇社会を根城とするアンダークラス出身の白人であるということも共通していたが、大きな違いは年齢だった。おもにティーンエイジャーを中心とした彼らは、コッシュボーイズという呼び名で知られるようになる。

学校からも社会からもあぶれた、若きごろつき集団コッシュボーイズは、世間に対する強烈な不満を持っていて、非常に暴力的だった。常にかみそりやこん棒などの武器を携行してけんかに明け暮れ、強盗や暴行で警察の厄介になることは日常茶飯事だった。ロンドンの良識的な大人たちはそんな彼らを、眉をひそめて眺め、蔑み、その一方で恐れていた。

初期のコッシュボーイズは、スピッヴスと同様に典型的なズートスーツに身を包んでいたが、やがてときが経つとともに、彼ら独自のファッションスタイルを発見し、変質していく。スリムなズボンにスリムタイ。そしてベルベットの衿と袖がついた着丈の長いドレープジャケットである。長く伸ばした髪はオイルで固め、アメリカから輸入されたヘアスタイル、グリースでせり出した前髪を整えるポンパドールやリーゼントでキメた。

やがて彼らはテディボーイズと呼ばれるようになっていく。

Alcermaston Show 2012で１９４０年代のスピッヴスの扮装をする人
(Antony***/FLICKR)

PART
04

王党派を気取った
不良少年たちによる豪華な装い

Teddy Boys

テディボーイズ

年代／1950年代
発祥／イギリス〈ロンドン〉
系統／ドレスアップ系　ギャング系　音楽系

中心メンバーの属性
階級／アンダークラス
人種／白人
信条／右派　アウトロー

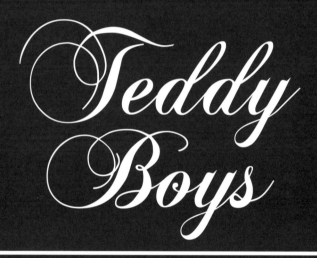

Teddy Boys

エドワード七世

二十世紀初頭の一九〇一年から一九一〇年まで在位したイギリス国王、エドワード七世。現在の国王、エリザベス二世の曾祖父にあたる彼は、皇太子時代からファッションリーダーとして名をはせていた。着る服は必ず流行し、彼の普段着スタイルこそが、今日の大人のカジュアルファッションの源流になったともいわれている。

エドワード七世は、それまで欧米社会に厳然としてあったドレスコードを次々に崩していった。たとえば今日、ディレクターズスーツと呼ばれる、黒のジャケットにストライプパンツを合わせた準礼服スタイルは、彼のアイデアで生まれたものである。それ以前、丈の短いジャケットはカジュアルな室内着とされていた。しかし、ある日の午後に開かれた展覧会のオープニングに出席した国王は、正装であるフロックコートは大げさだと考え、モーニングのパンツはそのままに上だけ丈の短い黒ジャケットを着て登場。それがディレクターズスーツのはじまりだと伝えられる。

また、ホンブルグハットという、縁が絹のリボンで飾られ、つば全体が巻き上がった礼服用の中折れ帽を有名にしたの

エドワード七世

もエドワード七世であるし、皇太子時代から好んで着用したグレンチェック模様は、今日でもエドワード七世を示す〝プリンス・オブ・ウェールズ〟という呼び名がついている。その他、記録に残っているもの残っていないものを合わせ、エドワード七世がファッション界に与えた影響ははかり知れない。

一九五〇年代初頭にイギリスで流行ったテディボーイズスタイルも、このエドワード七世と関係がある。テディというのはほかでもない、国民から愛された国王、エドワード七世の愛称なのだ。

ディレクターズスーツを着た男性（右）

ネオエドワーディアンスタイル

テディボーイズスタイルは別名、ネオエドワーディアンスタイルとも呼ばれている。ロンドン中心部メイフェア、ピカデリーの北側に位置するストリート、サヴィルロウの一人の仕立屋が一九四七年、エドワード七世のスーツスタイルにインスピレーションを得て考案した、新しいフォルムのスーツである。サヴィルロウは日本語の〝背広〟の語源となったことでも知られる、一九世紀初頭からオーダーメイドの紳士服店が立ち並ぶ一大ショッピング通りのことだ。

ネオエドワーディアンスタイルは、フロックコートのように着丈が長く、衿や袖にベルベットをあしらった、千鳥格子かダークカラーのドレープジャケットに、黒かグレーのスリムパンツ、ペイズリーや花柄などの装飾的なベスト、細身のタイを合わせるのが基本形だ。

当時のイギリスは、第二次世界大戦後に政権を握った労働党施政下。これまでの帝国主義的な植民地政策が崩壊し、〝ゆりかごから墓場まで〟という合言葉で知られるような、手厚い福祉国家としての復興を目指していた。戦争で大きな被害を受けた国の戦後政策として一定の評価はされていたものの、国民に高税率を課し、質素倹約を旨とする社会風潮に不満を持つ者も多かった。

そこに目をつけ、かつての大英帝国の栄華を再現しようとしたのが、ネオエドワーディアンスタイルだったのである。発案者の仕立屋は、このスタイルが過去の栄光を懐かしむ上流階級の年配者に受けるだろうと考えていた。

ところが目論見とは違い、華美なネオエドワーディアンスタイルにいち早く飛びついたのは、街の不良少年たちだった。トッテナム、エレファント・アンド・キャッスルといったロンドンの下町や郊外にたむろする、アンダークラス出身の派手好きな若者——戦後の混乱期に暗躍したスピッヴスの流れをくむコッシュボーイズである。

テディボーイズの間での流行

テディボーイズはスーツに加え、派手な色のソックス、スリムジムと呼ばれる極細のネクタイやループタイ、日本ではラバーソールという呼び名で知られる厚手のゴム底靴ブローセル・クリーパーズを合わせ、髪をポンパドールでキメるスタイルを確立した。ブローセル・クリーパーズがテディボーイズの間で流行った理由は、一説によると、これまでの革底靴に比べて圧倒的に足音が響きにくかったからだという。つまり、夜の闇に紛れて何か悪さを働く際などに有利な靴だったのだ。ブローセル・クリーパーズは一九七〇年代に発生したパンクス(パート16参照)の間でも流行する。またパンクスが愛用した鋲付きのリストバンドやベルトも、この頃のテディボーイズが武器代わりに身につけていたものがルーツである。

テディボーイズとロックンロール

当初はビッグバンドのジャズを好んで聴いていたテディボーイズだったが、一九五〇年代中頃にアメリカから新しい音楽、ロックンロールが伝わってくると、あっという間に心を奪われる。ビル・ヘイリー・アンド・ヒズ・コメッツの『ロック・アラウンド・ザ・クロック』、『シェイク・ラトル・アンド・ロール』、エルヴィス・プレスリーの『ハートブレイク・ホテル』、『ジェイルハウス・ロック』、ジェリー・リー・ルイスの『ホール・ロッタ・シェイキン・ゴーイン・オン』、『火の玉ロック』などのヒットナンバーは、彼らのアンセム（賛歌）となるのであった。

さらに一九五〇年代後半になり、アメリカの動きに刺激されてクリフ・リチャードやビリー・フューリー、マーティー・ワイルドといった英国産ロックンローラーたちが登場すると、テディボーイズはますます夢中になっていった。

また彼らは、アメリカで一九二〇年代に誕生し、一九四〇年代まで盛んに演奏されたスキッフルという音楽も好んで聴いていた。スキッフルとは、ジャズとブルース、カントリー、それにフォークが混ざり合った音楽で、アコースティックギターやバンジョーなどの普通の楽器に加え、洗濯板（ウォッ

1986年、第一回ロックの殿堂授賞式に、テディボーイズファッションで出席するジェリー・リー・ルイス（右）（Everett Collection/アフロ）

シュボード)、水差し(ジャグ)、洗濯桶や茶箱でつくったベース(ウォッシュタブベース)、煙草箱でつくったギター(シガーボックスギター)、のこぎり(ミュージックソー)、櫛と紙を使った手づくりのカズーなどが演奏に用いられた。

イギリスでは、ロニー・ドネガンを中心にこのスキッフルがリバイバルされ、一九五〇年代に入ってから新たなブームになっていたのだ。

過剰な愛国思想

一種のパロディとはいえ、古き良き、そして強大だった頃の大英帝国スタイルを身につけた不良少年集団テディボーイズは、王党派を気取り、強い愛国思想にとらわれていた。アンダークラス出身である彼らは、イングランドのゲルマン系アングロサクソンであるという出自を唯一の心のよりどころとし、必要以上の誇りを持っていた。そして、自分たちの仕事を奪う非白人の移民を毛嫌いしていたのだ。

日頃からテディボーイズによる移民への嫌がらせや、理由もない暴力は絶えなかったが、一九五八年八月二三日、ついに大きな暴動へと発展する。イングランド中心部の街ノッティンガムのパブで、小さな口論から非白人の青年が白人を刺殺するという事件が起こると、そのわずか一時間後、伝え聞いたロンドンのテディボーイズたちはめいめい手に武器を握り、ノッティンガムに乗り込んだのだ。

彼らは「黒人はジャングルに帰れ！」などと口汚くののしりながら、街中の西インド諸島系住民の家に、石やレンガ、火炎瓶を投げ入れて回り、路上にいた黒人に無差別に殴りかかった。テディボーイズによる黒人攻撃はさらにエスカレートし、九月に入る頃には数千人規模の暴動に膨れ上がっていく。それは「キープ・ブリテン・ホワイト」のスローガンのもと、五人の西インド諸島系住民が殺害されてしまうという悲惨な結末を招いた。

テディボーイズスタイルの終焉

こうしたことがきっかけとなり、社会からより一層白眼視されたテディボーイズは、一九六〇年代に入る頃から徐々にスタイルを変えていく。着ているだけで厄介者扱いされるネオエドワーディアンスタイルはやめ、同時期に登場したロッカーズ（パート5参照）にならって、レザージャケットを愛用するようになるのだ。そして彼らはロッカーズと渾然一体となり、やがて消えていく。

しかしテディボーイズにとっておしゃれをするということは、ドレスアップすることと同義であった。ロッカーズになった後も、元テディボーイズにとって、ネオエドワーディアンスタイルのスーツは依然として唯一無二の正装。レザージャケットはあくまで普段着であり、お気に入りのロックンローラーのライブや、仲間内の重要なイベントがあるここ一番のときには、必ずスーツを着用していたという。

PART
05

アメリカからイギリスへ伝わった
ドレスダウン系スタイル

BIKERS & ROCKERS

バイカーズ、ロッカーズ

年代 ／1950〜1960年代
発祥 ／バイカーズ：アメリカ〈カリフォルニア〉
　　　ロッカーズ：イギリス〈ロンドン〉
系統 ／ドレスダウン系　バイク系　音楽系

中心メンバーの属性
階級 ／ワーキングクラス　アンダークラス
人種 ／白人
信条 ／右派　アウトロー

Rockers

アメリカのバイカーズ

一九五三年、アメリカで一本の映画が公開された。マーロン・ブランド主演による、バイク乗りを題材にした『ザ・ワイルド・ワン』である。邦題が『乱暴者(あばれもの)』とされたことからもわかるように、当時の社会には刺激が強すぎるほど暴力描写に満ちあふれた映画であり、青少年への悪影響を危惧したイギリスでは、一九六八年まで公開が認められなかったほどだ。

映画のモデルとなったのは、当時、カリフォルニアでバイクに乗って暴れていたバイカーズと呼ばれる集団。第二次世界大戦の帰還兵である彼らは、戦地で死線をさまよった極限状態の記憶からまだ抜け出せず、平和な時代に適応するために性急な変化を遂げようとしているアメリカの戦後社会になじめずにいた。

彼らは、ダブル衿の革ジャン、ロールアップしたジーンズ、エンジニアブーツ、Tシャツというスタイルでキメ込み、爆撃機の代わりに大型のバイクにまたがった。まるで街を戦場に見立てたかのように、爆音を撒き散らしながら走りまわっていたのである。

『ザ・ワイルド・ワン』DVD

バイカーズのスタイル

彼らが登場するまで、おしゃれをするということは、一般的にドレスアップすることと同義だった。なるべくリッチに着飾り、本来の自分よりも上の階級に見られるようになることこそが、ファッションの本質であると考えられていた。

これまでに紹介したスウィングキッズからテディボーイズまでは、間違いなくそうした不文律に従った、ドレスアップ系のストリートスタイルだ。そして本項のバイカーズこそ、初めてのドレスダウン系ストリートスタイルである。バイカーズは社会への反抗の意志を、ミリタリーアイテムを使ってドレスダウンすることによって示した集団なのだ。

今でこそそうしたイメージは薄いが、フロントジップの黒い革ジャンというのはもともと、戦闘機乗りのためのフライト服だった。白いTシャツも、軍隊支給の下着が起源である。また、ナチスのゲシュタポがダブル衿の革コートを制服としていたこともあり、今日ではライダースと呼ばれているダブル衿の革ジャンは当時、悪を象徴するイメージが強かった。彼らアウトロー集団にとってこうした革ジャンは、いかつさを増幅させるかっこうの小道具だったのだ。

まだ小さな集団だったバイカーズは、映画『ザ・ワイルド・ワン』によって国中に存在が知れ渡り、アメリカ全土でそのスタイルを模倣する者が急増していく。

テディボーイズの変質

映画が正式に公開されなかったこともあり、イギリスで『ザ・ワイルド・ワン』に出てくるようなスタイルの者が登場するのは、アメリカより少し遅れての一九五六年頃になってからだった。イギリスの若者は映画本編ではなく、アメリカから伝わってくる噂話と、革ジャンでキメるマーロン・ブランドの映画宣伝用ポスターやブロマイド、雑誌に載った映画の場面写真などから、この新しいスタイルについての情報を断片的に得ていた。

その頃はちょうど、テディボーイズスタイルの流行末期でもあった。お決まりのスーツスタイルに飽きていたテディボーイズは、アメリカからやってきた荒々しくてクール、そして悪そうなスタイルがお気に召し、こぞってバイクを手に入れては変質していったのだ。

トン・アップ・ボーイズのスタイル

彼らはアメリカ流の呼び名であるバイカーズではなくコーヒー・バー・カウボーイズ、あるいはトン・アップ・ボーイズと呼ばれるようになる。

コーヒー・バー・カウボーイズとは、カフェでコーヒーを飲みながら自分のマシンを自慢しあい、公道でレースを楽しんでいたことからつけられた名前だ。トン・アップ・ボーイズとは、イギリスのスラングで、時速百マイル以上の猛スピードで走ることを意味する、"DOING THE TON"から来ている。

バイカーズの多くがアメリカ産のバイクに乗っていたのに対し、トン・アップ・ボーイズはトライアンフやBSA、ノートンといった英国産バイクに誇らしげにまたがっていた。実は映画『ザ・ワイルド・ワン』の中でマーロン・ブランド演じる主人公のジョニー・ステイブラーは、ほかの仲間たちが乗るインディアンやハーレーダビッドソンのようなアメリカ車ではなく、イギリス車であるトライアンフに乗っていた。これがイギリスの若者の自尊心をくすぐり、このカルチャーがイギリスで急速に広まる一因にもなったのだ。

レザーボーイズと呼ばれれども……

常に革ジャンを着ていたことからレザーボーイズとも呼ばれた彼らだったが、イギリスのアンダークラス出身者が中心であったため、マーロン・ブランドが映画の中で着ていたような、アメリカ製の高価な革ジャンにはなかなか手が出せなかった。貯金をはたいたりローンを組んだりして、バイクを手に入れるだけで精いっぱいだったのだ。

そもそも、アメリカの初期のバイカーズは、第二次世界大戦からの帰還兵。大戦後、一九五〇年からはじまった朝鮮戦争に刺激されたアメリカ経済は活況を呈していたし、彼ら帰還兵は復員軍人援護法（G.I. BILL）によって生活がある程度保障されていたため、高価なバイクや革ジャンを難なく手に入れられたのである。

対するイギリスは、大戦後の経済が困窮を極めていたため、金を持っている若者はほとんどいなかった。アメリカ製のショットよりは若干手頃な、ルイスレザーやプライド・アンド・クラーク、サンダーボルトといった国産レザーウェアもあったが、高価であることに変わりない。そこでトン・アップ・ボーイズの多くは、安価な合皮製のジャンパーに手編みのセーター、手頃な国産ジーンズというスタイルに身を包み、本場のバイカーズを模倣した。

足元は白い厚手のフィッシャーマンズソックスを履いてブーツの上に折り返すか、ジーンズの裾を中に入れた丈の長いエンジニアブーツ。第二次世界大戦の飛行機乗り風に、白いストールをなびかせてバイクを走らせるというスタイルも確立する。

ロッカーズへ

夜な夜な公道で爆音を撒き散らしながら、危険な走りに明け暮れる不良少年、そしてそんなトン・アップ・ボーイズを目当てに、カフェに集まる女の子たちの行動は、イギリス国内で社会問題となっていく。

テディボーイズが合流したためその数も増し、行動がますますエスカレートしていた一九六〇年代に入ると、呼び名はいつしかトン・アップ・ボーイズからロッカーズへと変わっていった。ジーン・ヴィンセントやエルヴィス・プレスリー、エディ・コクランらがアメリカからもたらし、クリフ・リチャードやビリー・フューリー、マーティー・ワイルド、ジョニー・キッド・アンド・ザ・パイレーツなどの国内ミュージシャンも奏ではじめたロックンロールナンバーを、彼らが好んで聴いていたからだ。

だが実はこの呼び名は、当時隆盛を誇り、ロッカーズとは対立関係にあった若者集団モッズ（パート7参照）が、〝ロックンロールばかり聴いている頭の弱い連中〟と、皮肉を込めてつけた蔑称である。従って当の本人たちは、ロッカーズと呼ばれることに多少の抵抗を感じていたようだ。

ロッカーズは、アメリカからの輸入文化であるこのバイカースタイルに、独自のエッセンスを加えてさらに進化させていった。第二次世界大戦で英国空軍が使用していたものを忠実に再現したハルシオン社のゴーグルをつけたり、革ジャンへ加工を施したりするのは、ロッカーズ独自のスタイルだ。革ジャンにはバッジやワッペン、それに真鍮製の鋲を打ち込み、みな自分オリジナルのものに仕立てた。後の時代のハードコアパンクス（パート17参照）が愛用する、缶バッジと鋲だらけの革ジャンは、この時代のロッカーズが考案していたものを受け継いでいるのである。ジーンズは、バイカーズのものよりも細いストレートなシルエットや、ブラックのものも好まれるようになった。

一九五〇年代後半、ロッカーズの流行は日本にも伝播し、独自の形で進化していく。一九五九年頃に現れたカミナリ族、そこから派生した一九六〇年代の街道レーサーやサーキット族、一九七〇年代から一九八〇年代にかけて猛威を振るった暴走族、ツッパリスタイルの源流はこの頃のロッカーズなのである。

エースカフェ

ロッカーズのたまり場は、街道沿いのカフェ。中でもロンドンの北環状線、ノース・サーキュラー・ロード沿いにあったエースカフェは、ロッカーズのメッカとも呼ばれる場所になっていた。長距離トラックやタクシーの運転手からの需要を見込み、当時のロンドンで唯一の24時間営業をしていたカフェだったため、ロッカーズたちのかっこうのたまり場となったのだ。

自身もバイクマニアであった英国聖公会の神父ビル・シャーゴールドは、エースカフェに集まるロッカーズのために教会を開放。不良少年たちの良き相談者となり、59クラブというバイクチームを結成した。以降、エースカフェと59クラブはロッカーズのアイコン的な存在となっていく。

復活後、2018年現在も営業しているエースカフェ
(Lucky Larry/FLICKR)

ジュークボックスレース

エースカフェに集まったロッカーズは、夜な夜な公道レースを繰り広げた。店内のジュークボックスにコインを入れ、お気に入りのロックンロールナンバーを選ぶと同時に表へ駆け出し、バイクのエンジンをかけてスタート。ノース・サーキュラー・ロードを南に下った先にあるロータリーを回り、曲が終わる前に帰ってこられるかどうかを賭ける、〝ジュークボックスレース〟が名物になる。エースカフェにはイギリス中からロッカーズが集まり、レースの見物人たちがノース・サーキュラー・ロードの沿道を埋め尽くした。

当時のイギリスではヘルメットの着用義務もなかったため、レース中に転倒して命を落とすロッカーズも少なくなかった。若者たちの無軌道な行動と死が、マスコミでセンセーショナルに報じられるようになると、警察の取り締まりも頻繁になり、ロッカーズに対する世間の風当たりは厳しいものになっていく。

ライフスタイルの戦い

一九六四年五月のイースターホリデー。イングランド南東部の海浜リゾート都市であるブライトンで、モッズとロッカーズの大乱闘事件が発生し、大量の逮捕者が出た。きっかけは、モッズの一団がふざけ半分でデッキチェアーを振り回し、二人のロッカーズをプロムナードからビーチへ突き落としたことだった。

その前から、ライフスタイルが大きく異なるロッカーズとモッズの小競り合いは頻発していたが、ブライトンの乱闘事件は過去に例を見ないほど大規模なものだったため、翌日のイギリスのほとんどの新聞が、事件を一面で大々的に取り上げた。

大人たちはこの報道を見て、ロッカーズもモッズもまとめて〝パンク〟＝チンピラと呼んで眉をひそめた。そして、モッズが勝利を収めたこの乱闘劇を境に、若者の流行の主流はモッズへと移行し、ロッカーズは廃れていく。

悲劇の結末

しかしロッカーズは絶滅したわけではなかった。アンダーグラウンド化した少数精鋭のロッカーズは、グリーサーズと呼ばれる集団に変質していった。

ピーター・フォンダ主演で一九六六年に公開されたアメリカ映画『ワイルド・エンジェル』の影響を受けたグリーサーズは、アメリカで先行して集団をつくっていたバイカーズ直系の子孫であるヘルズエンジェルスと呼応し、過激なスタイルを築いていく。自慢の革ジャンには鷲やドクロ、さらにナチスのカギ十字の飾りを施し、より凶暴な見た目を追求。革ジャンやGジャンの袖をカットオフし、素肌の上に直接羽織るワイルドなスタイルも好まれた。頭にはヘルメット代わりにナチス様式の革製帽子をかぶり、チェーンを振り回して周囲を威嚇する武装集団となったのだ。

一九六九年七月、ザ・ローリング・ストーンズがロンドンのハイドパークで、元メンバーのブライアン・ジョーンズを追悼する目的で（当初は新メンバーのミック・テイラーのお披露目ライブの予定だったが、その二日前にブライアン・ジョーンズが急逝したため、目的が変更された）、二十五万人を集める大規模なフリーコンサートを計画。このコンサート会場のスタッフとして、強面のグリーサーズが採用されることになった。ストーンズにとっては二年ぶりの本格的なライブでもあったし、人気絶頂の彼らのコンサートでは観客が暴徒化して、けが人が出ることも珍しくなかったため、会場ににらみをきかす用心棒とされたのである。

背中にシンボルマークが入ったヘルズエンジェルスの革ジャン
(Todd Lappin/FLICKR)

グリーサーズを配置したおかげで、ハイドパークのコンサートは大きな混乱もなく終わらせることができた。そこで同年一二月におこなわれたストーンズの全米ツアー最終日のオルタモント・フリーコンサートでは、アメリカのヘルズエンジェルスが警備係に起用された。ところが、この判断が惨事を招くことになる。

ステージから近いところにいたヘルズエンジェルスのメンバーが、観客の一人である一八歳の黒人青年ともめ、青年をナイフで刺殺してしまったのだ。〝オルタモントの悲劇〟という名で後世にも伝えられるこの凄惨な事件により、ヘルズエンジェルス及びそのイギリス版であるグリーサーズの評判は、地に落ちることになった。

この事件より前の同年夏、エースカフェは営業を停止している（一九九四年に復活）。

PART
06

STREET TRAD

エリート集団による
正統派アメリカントラディショナルスタイル

IVY & PREPPY

アイビー、プレッピー

年代 ／1950〜1960年代（アイビー）
1980年代（プレッピー）
発祥 ／アメリカ〈東部〉
系統 ／ドレスアップ系&ドレスダウン系

中心メンバーの属性
階級 ／アッパークラス
人種 ／白人
信条 ／保守　エリート

IVY & PREPPY

おぼっちゃまスタイル

アイビー及びプレッピーを、ストリートスタイルととらえるかどうかについては意見が分かれるところだろう。しかし、一九六〇年代以降、現在に至るまでファッション界の一大勢力であり、またほかのストリートスタイルに与えた影響も大きいので、あえてここで取り上げることにする。

よく知られているように、アイビーとは、アメリカ東部のアメリカンフットボールリーグに所属する私立八大学の学生たちによる服装から広まったスタイルである。

八大学――ブラウン大学、コロンビア大学、コーネル大学、ダートマス大学、ハーバード大学、ペンシルベニア大学、プリンストン大学、イェール大学は、大統領をはじめとする各界のエリートを輩出してきた、いずれも格式高い名門校である。

アメリカ建国以前である一六三六年創立のハーバード大学を筆頭に、長い歴史を誇る各大学の校舎は荘厳な雰囲気で、蔦(アイビー)がからまる様子から〝アイビーリーグ〟という呼び名がつけられた。そのアイビーリーグの大学に在籍する学生やOB、教授たちの一九五〇年代から一九六〇年代のスタイルが、アイビーである。

一方のプレッピーとは、そうした一流大学への進学コースにあるプレパラトリースクール=名門私立高校出身者のようなスタイルである。アイビーよりもカジュアルに着崩しながら、どこか上品でトラディショナルな雰囲気が醸し出される。

つまりアイビー、プレッピーともに、品のあるエリート好みのスタイル。ほかのストリートスタイルが主に、非エリート、社会への不満をため込んだ集団による不良スタイルであるのに対し、アイビーとプレッピーは、これから社会の中枢を担うであろうエリート集団による、おぼっちゃまスタイルなのである。

アイビースーツ

アイビーリーグモデルとして知られるスーツは、アメリカの老舗高級紳士服ブランド、ブルックスブラザーズが一九一八年に完成させた、No.1サックスーツが原型とされている。ジャケットはナチュラルショルダーにストレートハンギングと呼ばれるずん胴のボックス型シルエット、三つボタンのセンターベントという仕様。スラックスは、煙突のように上から下まで同じ太さのパイプドステムという形である。

一九五〇年頃からアメリカのビジネスマンの間では、こうした古き良きスーツが3Tルック（TALL・THIN・TRIM——背が高く、スリムでさっぱりした、スマートなスーツ）として流行しはじめる。一九五五年になるとアメリカの紳士服業界は、このシルエットのスーツを〝アメリカントラディショナル〟とネーミングし、本格的なキャンペーンを展開する。

そして一九五八年、IACD（国際衣服デザイナー協会）は、流行最盛期を迎えたこのアメリカントラディショナルなスタイルを〝アイビールック〟と名づけ、発表した。アイビーリーグモデルのスーツに厚手のオックスフォード生地や光沢のあるブロード生地のボタンダウンシャツ、細めのレジメンタルストライプのネクタイを合わせ、足元はウィングチップシューズを履くのが正統派のアイビールックだ。

当時人気を博していたハーバード大学出身の上院議員であり、後に大統領となるジョン・F・ケネディがこのスタイルを好んだことも、アイビー普及のひとつの要因となった。

アイビーの代表的なブランドは、前出のブルックスブラザーズとJ．プレスである。アイビーのシンボル的アイテムであるスーツとボタンダウンシャツ（ブルックスブラザーズでの呼び名はポロカラーシャツ）を開発したことから、アイビーの元祖として親しまれたブルックスブラザーズは、主にハーバード大学の卒業生が顧客となった。対するJ．プレスはイェール大学の卒業生が愛顧者となって盛り上げたブランドである。

いつも華麗にスーツを着こなしていたジョン・F・ケネディ（右）
(City of Boston Archives/FLICKR)

アイビーリーガーの普段着

アイビールックはまさにアメリカントラディショナルの正統派で、社会への順応性を服装で表現している。もちろん、学生が普段から常にこうしたスーツを着ていたわけではなく、日曜日の礼拝や学校の行事があるときのみの着用であったが、大学の教授たちや、OBのビジネスエリートたちは、普段から好んでこのスーツを着ていた。

スーツを着ていなくても、名門大学で勉学とスポーツにいそしむエリート学生たちは、自分たちの名誉を傷つけないように、普段から小綺麗かつ社会から違和感を持たれないような服装で学生生活を送っていた。

普段着として人気があったのは、大学名のイニシャルが入ったレタードカーディガンやスウェットシャツ、セーター、スウィングトップなどである。セーターは丸首もVネックも好まれ、柄は無地かアーガイルのものが多かった。

ノーネクタイのボタンダウンシャツの上にカーディガンやセーターを重ね、段返り三つボタンのブレザーやコットンパンツを着用するスタイルも多く見られた。ブレザーやセーター、そしてレジメンタルタイといったスタイルは、イギリスのオックスフォード大学で一九二〇年代に流行した学生スタイルを範としている。

髪型はこざっぱりとしたフレンチクルーカット。もともとはフランスの船乗り（クルー）のヘアスタイルだったことからこの名がついているが、第二次世界大戦中の兵士の間で流行した、ベリーショートのヘアスタイルだ。

夏場は校章がデザインされたTシャツやハーフパンツも好まれたし、冬場はダッフルコートを羽織る者も多かった。そのほか、アイビーのカジュアルスタイルはさまざまなバリエーションを生んでおり、とてもここに書ききれるものではないが、いずれも現在に続く、アメリカらしい活発さと、上品で清潔な雰囲気を持ったスタイルである。

バンカラ

アイビーは主に学生のスタイルであるから、そのアイテムには安くて丈夫で着やすいということが求められた。TPOに応じて、仕立てのいいスーツやブレザーでドレスアップもするが、普段着のスタイルはどちらかというと質素で質実剛健だった。

アイビーリーガーの中には、洗いざらして衿や袖が擦り切れたシャツや、乾燥機にかけすぎて八分丈に縮んでしまったコットンパンツをあえて着つづける者もいた。中身に十分な自信のある者たちによる、「見た目など関係ないんだ」という一種のポーズであり、日本のアイビーシーンの草分けであるヴァン（VAN）の石津謙介はこれを、日本の旧制高校に見られた弊衣破帽を好む〝バンカラ風〟と同義であるととらえた。

プレッピースタイル

プレッピースタイルも潜在的にはアイビーの流行と同時に成立しているのだが、〝プレッピー〟という名前が与えられ、ひとつの系統としてのスタイルととらえられるのは、一九八〇年代に入ってからだ。

プレッピーという言葉を一般に知らしめたのは、一九八〇年に発売された『オフィシャル・プレッピー・ハンドブック』という一冊の本である。みずからもアイビーリーガーであった編著者のリサ・バーンバックが自虐の意味も込め、WASPエリート階級の〝いかにも素敵〟なライフスタイルとファッションを、皮肉たっぷりに紹介したジョーク本だ。

『オフィシャル・プレッピー・ハンドブック』

ところが、重箱の隅をつつくような細かすぎる分析と指摘が逆に受け、本作はプレッピースタイルの教科書という位置づけでベストセラーとなったのだ。翌年には日本でも翻訳本が発売され、一九八〇年代に起こった日本のプレッピーブームに拍車をかけている。

プレッピーのスタイルも、アイビーに負けず劣らずバリエーションに満ちあふれている。基本的にアイビースタイルをより若々しく、カジュアルダウンさせたものなので、使われるアイテムは共通のものが多い。チノパンやジーンズ、スニーカー、トップサイダーのデッキシューズ、素足に履いたコインローファー、L.L.ビーンのガムシュー、ストライプリボンのリングベルト、フード付きのスウェット、ナイロンのコーチジャケットやマウンテンパーカ、ラコステのポロシャツ、クレイジーマドラスチェックのボタンダウンシャツなど、よりスポーティでカジュアルなアイテムを多用するのが特徴だ。代表的なブランドはなんといってもポロ ラルフローレンである。

ヤッピー

一九八〇年代後半になると、ポストプレッピーとしてヤッピー（YUPPIE）という言葉が一時流行する。ヤッピーとは、ヤング・アーバン・プロフェッショナルズの意で、大都市や都市周辺部を基盤とし、知的職業に従事する若きエリートサラリーマンのことを指す。

プレップスクール（プレパラトリースクール）からアイビーリーグの有名大学に進学し、大学院を卒業したヤッピーは、アイビーと同様に仕立てのいいトラディショナルなスーツを着こなし、ロレックスの腕時計やグッチのブリーフケースなど、金回りの良さそうなアイテムをさりげなく使う。投資銀行勤め、あるいは医者や弁護士などの専門職に就いて高サラリーをとるエリートで、服や車、住居にお金をかける。社会的地位や名声、権力に対する欲求が強い……

というのが典型的なヤッピーの姿である。

おおむね二〇代後半から三〇代後半の年齢層に対して用いられたヤッピーという呼び名は、気取っていて自己中心的、表面的という軽蔑的なニュアンスが含まれることが多かった。バブル時代後期の一九九〇年頃からよく使われた、日本の〝ヤンエグ(ヤングエグゼクティブ)〟とほぼ同義と考えていいだろう。

世界のストリートスタイルとして

本場アメリカでのアイビースタイルは、一九五四年から一九五七年頃をピークに流行した後、新しいアメリカントラディショナルスタイルとして定着。何度もリバイバルブームを繰り返しながら、二十一世紀の今日でもその進化・改良形が世界中のストリートにあふれている。

日本ではヴァンの創業者である石津謙介がアイビースタイルを紹介し、アメリカと数年の時差で流行しはじめる。一九六四年頃、東京・銀座のみゆき通りをアイビー調のスーツスタイルで固めて闊歩する流行に敏感な若者たちは、〝みゆき族〟という名前で呼ばれていた。みゆき族は一九五〇年代の太陽族と並び、日本の初期のストリートスタイルと呼べるものである。当時の日本では、若者のほとんどは普段でも学生服を着ていたので、おしゃれをしているというだけで不良扱いされたのである。

みゆき族のうち、アイビーリーガーのカジュアルスタイルをお手本とした連中は、ボタンダウンシャツにハーフ丈のバミューダショーツかくるぶし丈のコットンパンツ。白いソックスにスニーカーを合わせ、ヴァンかジュン(ＪＵＮ)のショッピングバッグを小脇に抱えるのがおしゃれとされた。

ただ、本場アメリカと少し異なる点は、日本でアイビースタイルを好んだのは、必ずしもエリートではなかったということだ。日本のみゆき族は、地方から上京してきて銀座のみゆき通りをぶらぶらと歩き、買い物をしたり同じ趣味の服の仲間を見つけてつるんだり、異性に声をかけたりする堕落した若者というとらえ方をされた。一九六四年九月には、東京オリンピックを控えた東京の街の浄化作戦の一環として、警察により一斉補導まで受ける羽目になる。

そして、日本にもましてアイビースタイルの影響を受けたのはイギリスである。こちらもやはりアイビーをエリートスタイルとしてではなく、反骨精神の発露としてストリート独自のスタイルに進化させた。

それがモッズである。

みゆき族が描かれた１９６４年の「平凡パンチ」創刊号表紙

PART 07

イギリス中の若者を夢中にさせた
アーバンスタイル

Mods

モッズ

年代／1950〜1960年代
発祥／イギリス〈ロンドン〉
系統／ドレスアップ系　音楽系

中心メンバーの属性
階級／ミドルクラス
人種／白人
信条／ノンポリ

MODS

アーリーモッズ

モッズというのは、モダーンズ(MODERNS)を短縮した造語である。

当初、〝モダニスト〟と呼ばれたモッズの草分けは、一九五〇年代後半のロンドンに住むワーキングクラスのユダヤ人の若者たちだった。アメリカのアイビーを模倣したそのスタイルは、すぐにほかの白人ミドルクラスの若者へと伝播していき、ロンドンのあちこちに、少人数のおしゃれグループが出現していく。戦中・戦後の混乱期を生き抜いてきた、旧世代の石頭な親が押しつける平凡さから逃れたいと考えた彼らは、グループ内のファッションリーダーのスタイルを真似しながら、彼ら独自の洗練されたアーバンスタイルを徐々に築いていったのだ。

オーダーメイドで仕立てた細身のスーツを偏執的に愛し、当時リバイバルブームとなっていたトラッドジャズ(スウィングなどの伝統的ジャズ)ではなく、チャールズ・ミンガス、デイヴ・ブルーベック、モダン・ジャズ・カルテットといったクールなモダンジャズを好んで聴くのが、彼らアーリーモッズの基本的なスタイルだった。

三つボタンのモッズスーツ

言葉のとおりモダニスト、つまり現代風の新しがり屋であったモッズだが、基本スタイルは三つボタンスーツにボタンダウンシャツというもので、まったくの新しさがあったわけではない。先行してアメリカから発信されたアイビースタイルの流行を取り入れつつ、ヒップスターと呼ばれていたアメリカの黒人ジャズメンのスマートなスーツスタイル、イタリアンモダニズム、さらにブリティッシュトラッドなどの既成概念のかけ合わせでつくり出されたスタイルである。

アーリーモッズの多くがスーツをオーダーしていたのは、当時のロンドンに数多く出店していたアイビー系の仕立屋だったという。後にモッズのヒーローとなるバンド、ザ・フーは、ザ・ハイ・ナンバーズ名義での一九六四年のデビューシングルB面『アイム・ザ・フェイス』という曲の中で、「アイビーリーグのジャケットを着て、白のバックスキンシューズを履く。……中略……俺はフェイスだ」と歌っている。

アイビーとの違い

だがモッズとアイビーでは、そのシルエットが決定的に違っていた。アイビーのスーツは、ナチュラルショルダーでフロントダーツがなく、センターベントのずん胴なボックスシルエット。対するモッズは、一九五八年頃からイギリス中で流行していたイタリアンルックを原型とし、フロントダーツによってウエストを絞り込み、体にぴったりフィットする構築的なスーツを好んだ。ジャケットは5インチのサイドベンツと狭いVゾーンという仕様で、Vゾーンに合わせてシャツの衿やネクタイは細いものを選択した。パンツも極限まで細く、ノータックでなければならなかった。

渋るアイビー系の仕立屋に、「もっと、もっと細くしてくれ！」と無理強いし、モッズは彼らの美学に合う、椅子に座ることもできないほどタイトなスーツをつくらせたのだ。

五つのキーワードとヘアスタイル

初期のモッズファッションには、五つのキーワードがある。クール、スマート、スリム、シャープ、シンプルである。このポリシーにのっとっておしゃれをするモッズには、いつの間にか細かいファッションのルールができあがっていった。

当時、一世を風靡していたヌーヴェルバーグのフランス映画にも憧れを抱き、一九六〇年に公開されたジャン＝リュック・ゴダール監督の『勝手にしやがれ』などの登場人物のファッションも、おしゃれの参考にしていた。

テディボーイズやロッカーズのゴージャスなポンパドールヘアを蔑んだ目で眺め、前髪を下ろすナチュラルヘアをもっともクールと考えたモッズは、ポマードやグリースは決してつけなかった。当時の若者のヘアスタイルとして、こうしたドライヘアは異色のもので、モッズカットと呼ばれた彼らの髪型はやがてさまざまなバリエーションを生んでいく。

アイビーのクルーカットにならい、初期モッズは髪の毛を短く刈り込んだが、徐々にやや長めの髪型を好むようになる。前髪を眉毛の上で切り揃えるマッシュルームカットもモッズの代名詞になるが、いずれの髪型ももみ上げのあたりは長めに伸ばすのが基本。絶対にヒゲは伸ばさず、毎日きれいにグルーミングすることを忘れなかった。

フェイス

一九六〇年代に入り急拡大したモッズは、さらにユニークなスタイルを確立していく。一例は、典型的なモッズアイテムとして、今でも〝モッズパーカ〟や〝モッズコート〟という呼び名で知られるフード付きのミリタリーパーカである。

彼らが好んだミリタリーパーカは、一九五一年にアメリカ軍が採用したM－51というタイプだ。もともとは米陸軍の野戦用コートで、朝鮮戦争の停戦に伴い、世界中に安価で大量に放出されていた。

こうした流行は、モッズの中でも際立ってファッションセンスの良かった者を発信源として口コミで広がっていった。仲間内のファッションリーダーはフェイス（モッズの〝顔役〟という意味）と呼ばれていた。前述のザ・ハイ・ナンバーズ（ザ・フー）の曲『アイム・ザ・フェイス』は、これを意味していたのである。

そしてイギリス全土に広がっていたモッズの中でも特に憧れの的だったのは、ロンドンにあるシーン・クラブやマーキー・ライシアム、ラ・ディスコティック、フラミンゴ、オールナイター・カフェ、クロウダディ・クラブといった、最先端のクラブやカフェバーに集まるモッズだった。社交場に集まったモッズは、彼ら好みの音楽に合わせ、次々と新しいダンスのステップを編み出した。そして他人が真似するようになると、二度とそのダンスを踊らず、また新しいステップを開発して広めることに喜びを感じた。

彼らの中には、後にグラムロックバンド、T.レックスのマーク・ボランとして名を馳せる、マーク・フェルドもいた。一九六二年に雑誌『タウン・マガジン』がメディアで初めてモッズを特集したとき、インタビューされたマーク・フェルドは弱冠一五歳の、典型的なモッズ少年だった。また、後にデヴィッド・ボウイとしてデビューを果たすデヴィッド・ジョーンズも、モッズファッションに身を固めた若きフェイスであった。

ライフスタイル

モッズのライフスタイルは、昼間は地味に仕事をして幾ばくかの収入を得、夜になると稼いだ金をはたいて仕立てたスーツに着替え、地元のクラブに集まるというものだった。仲間と合流した彼らは酒をあおり、アッパー系のドラッグでキメて踊りあかした。モッズ御用達のドラッグは、パープルハートというアンフェタミンにバルビツールを少量混ぜた化合物、つまり覚せい剤だった。

ロンドンの中でもっともモッズが集まり華やかだった場所は、ソーホーのカーナビーストリートである。〝モッズの起業家〟という異名で知られるジョン・スティーブンは一六歳の頃から、この通りにあったゲイとショービジネスの人のためのブティック、ヴィンスで修行を積んでいた。やがてヴィンスが火事で焼失すると、一九五七年、一九歳にして自分の店、ヒズ・クロウズをオープンさせる。

きらびやかな色彩と手頃な価格が売りの彼のスーツは、アーリーモッズに発見され人気が沸騰。以降、カーナビーストリート沿いに九軒の店を次々に開き、モッズが集結する聖地となっていったのである。

モッズの音楽

テディボーイズやリバプールの若者が夢中になっていたロックンロール、ロカビリー、スキッフルなどを田舎者の音楽だと馬鹿にしていたモッズは、モダンジャズやR&B、また一九五九年にアメリカのデトロイトで設立され、先進的なソウルミュージックを生み出していたタムラ・モータウンレーベルのレコードなどを熱心に聴いていた。彼らの音楽に対する入れ込みようは激しく、服に対するものと同じくらいの情熱とお金をレコードにも注いでいた。R&Bのカリスマ DJ、ガイ・スティーブンスが運営するスー・レーベルは、入手困難だったアメリカの曲を数多くリリースし、モッズから大きな支持を集めた。

やがて、同世代のイギリス人の中からも、彼らに支持されるミュージシャンが登場する。ザ・キンクス、ザ・ヤードバーズ、ザ・フー、ザ・スモール・フェイセス、ザ・スペンサー・デイヴィス・グループといった、R&Bを下地にしつつも、ロックンロールとは異なる趣の音を奏でるロックバンドである。彼らの音楽はブリティッシュビートと呼ばれ、新しい音楽ジャンルとして認識されるようになっていく。

ブリティッシュビートに分類されたバンドの中では、ザ・ビートルズとザ・ローリング・ストーンズが、瞬く間に世界的な名声を獲得する。彼らもキャリアの出発点はモッズスタイルでキメる戦略をとっていたが、真のモッズたちからは見向きもされなかった。ザ・ビートルズは前身のザ・クオリーメン時代、ロッカーズやテディボーイズファッションに身を包んで、スキッフルやロックンロールを演奏していたリバプールの田舎者だし、ザ・ローリング・ストーンズはロンドン出身ではあったが、R&Bを猿真似する稚拙なバンドにすぎないと考えていたのである。どんなに優れた楽曲を発表しようとも、モッズは彼らを〝仲間〟とは認定しなかった。

ザ・フーとザ・スモール・フェイセス

逆にモッズから圧倒的に支持されたのはロンドンの下町、ウエストエンド出身のザ・フーである。ザ・フーの初代マネージャーで、みずからがモッズだったピート・ミーデンは、メンバーの衣装をモッズスタイルでキメさせ、カリスマに仕立て上げようと考えた。

ザ・フーと決まりかけていたバンド名をザ・ハイ・ナンバーズに変えてデビューさせたのも、ピート・ミーデンのアイデアによるものだ。ナンバーズというのはモッズの隠語で〝ストリートにたむろするヤツら〟や〝服をたくさん持っているヤツ〟を意味する。つまりハイ・ナンバーズとは、ドラッグでハイになってストリートで騒ぐ、おしゃれなモッズをイメージさせるバンド名だった。

しかしザ・ハイ・ナンバーズ名義での一九六四年のデビュー作は不発に終わる。そしてピート・ミーデンと縁を切った後の一九六五年、ザ・フーに改名して再デビュー。三枚目のシングル曲『マイ・ジェネレーション』が大ヒットとなる。同曲は、「あいつらみたいな大人になる前に、いっそ死んでしまったほうがマシだろ！」と歌い、モッズたちの心に火をつけた。

ところがザ・フーは、メジャーバンドになったとたんにあっさりとモッズのイメージを脱ぎ捨て、ハードロックサウンドの大物バンドの道をひた走るようになる。彼らが実際はモッズではなかったからだ。

一方、一九六五年にデビューしたイーストエンド出身のザ・スモール・フェイセスは、プロデュースされたモッズではなく、メンバー全員がリアルなモッズであった。デビュー後二作はあまり売れなかったが、第三作の『シャ・ラ・ラ・ラ・リー』以降、『オール・オア・ナッシング』、『イチクー・パーク』、『ティン・ソルジャー』とメジャーヒットを連発するようになる。

セールス的にはザ・フーに及ばなかったし、一九六八年以降はドラッグにのめり込んでサイケ色の強いサウンドに方向転換したものの、一九六九年に解散するまで一貫して、究極のモッズバンドというイメージで認識されつづけた。

レディ・ステディ・ゴー

国中のモッズにこうした最新の音楽情報を伝えていたのはテレビ、特に毎週金曜の夜に放送されていた人気番組『レディ・ステディ・ゴー』だった。

一九六三年からはじまったこのテレビショーには、前述のようなバンドに加え、ジェイムス・ブラウンやスティービー・ワンダー、シュープリームス、オーティス・レディング、マーヴェレッツ、スモーキー・ロビンソン・アンド・ミラクルズといった本場アメリカの名だたるソウルミュージシャンも出演。クラブでスカウトされたフェイスたちが、オールスタンディングの客席で、演奏に合わせてクールなダンスを披露するこの番組は、イギリス中のモッズの目を釘づけにした。

モッズの分派

一九六〇年代中頃になると、ロンドンの若者のほとんどがモッズになったように見えたという。その後も大きな盛り上がりを見せるが、モッズはその発展の過程で、各人が好むものによっていくつかのゆるやかな派閥に分かれていった。

とことんドレッシーなファッションを追求するおしゃれ派。ベスパやランブレッタなどのスクーターを乗り回し、クラブやレコード店、夏にはブライトンの海岸へと動き回った行動派。黒人のスタイルを取り入れ、ジャマイカのスカやロックステディに傾倒したルーディー派。フレッドペリーやロンズデールなどのスポーティなウェアを好んだカジュアル派などである。

ハイギアとローギア

今日、〝モッズ〟という言葉で連想されるスタイルやアイテムの多くは、モッズの中でも特におしゃれを追求した、ハイギアあるいはスタイリスツと呼ばれる派閥が好んだものである場合が多い。例えば、前髪を直線的に切り揃えるきのこ状の髪型マッシュルームカットは、彼らの中から流行していった。

極端にスリムなスラックスや着丈の短いジャケット、またユニオンジャック柄を前面に配したド派手なジャケット、イギリス軍の象徴である赤青のターゲットマークを配したシャツなど、彼らはとにかくエクストリーム(極端)なファッションを好んだ。極細のタイや、チェルシーブーツと呼ばれたサイドゴアブーツをいち早くワードローブに取り入れたのも彼ら。また、〝ジャケットのサイドベンツは12.7センチの深さ〟〝袖は本切羽で五つ以上のボタンをつける〟云々と、より細かなファッションのルールを定めていった。

一方のカジュアル派は、安価でスポーティなスタイルを好んだ。仕立服を極上のものとしていたナルシスト集団モッズの中で、ローギアあるいはスティッツと呼ばれた彼らは、既製服をうまく着こなしていく。ワーキングクラスの家庭出身で、オーダー服を着るような金銭的余裕がない者たちだったという説もある。もっとも好まれたのが、テニスウェアであるフレッドペリーのポロシャツだ。またボクシングウェアのロンズデールも好んで着られた。

スクーターズ

夜遊び好きのモッズには、バスや地下鉄の終業時間を気にせずに遊ぶことができる足が必要だった。洋服や新しいレコードを買わなければならなかった彼らには、自動車を買うほどの経済的余裕はなく、また敵対するロッカーズが乗っているような、スピードを追求するバイクは美学に反すると思っていた。

そこで見つけ出したのがスクーターだ。一九五九年頃に登場していたスクーターボーイズという不良少年の小さなグループを、モッズが取り込んだのがはじまりとされている。エンジンがむき出しになっていないスクーターであれば、大事な洋服を汚さずに乗れるというのも、彼らが目をつけた大きな理由だった。こうして、イタリア製のベスパやランブレッタが移動手段になっていく。M－51は彼らがスクーターに乗るとき、寒い夜風や排気ガスの汚れを避けるために羽織りはじめたのが流行の発端だった。

スクーターは当初はシンプルだったが、徐々にミラーや警笛、ヒョウ柄のシート、ステッカー、アンテナ状の長い竿などで過剰にデコレーションされるようになる。

ベスパに乗るスクーターボーイズ

ルードボーイズ

最初にルードボーイズと呼ばれたのは、イギリスに移民してきた黒人たちであった。現在と同様、当時もイギリスには多くの黒人が住んでいたが、直接アフリカから連れてこられた黒人奴隷がルーツのアメリカとは違い、彼らはスペイン及びイギリスの植民地だったジャマイカを中心とする西インド諸島に根付いた黒人奴隷の子孫の移民とその二世たちだった。

ジャマイカは一九六二年にイギリスから独立したばかりだったが、それ以前から国内で、独自の音楽文化を成立させていた。R&Bをベースにしながら独特の裏打ちビートを強調させたスカ、そしてスカのリズムをゆるやかにしたロックステディである。

これらの音楽を好んだジャマイカ系の黒人たちは、アメリカのR&Bミュージシャンのスタイルをベースにしながら、モッズの要素を取り入れ、独特のミックススタイルを完成させていく。細身のイタリアンスーツ、ポークパイハットやラップアラウンドサングラス、ローファーなどが彼らのセンスでセレクトされたアイテムだ。

白人のモッズの中には、彼ら黒人のスタイルを取り入れる者たちが現れ、お互いに影響しあいながら、白黒入り交じった派閥を形成していく。

さらば青春の光

イギリス中を席巻したモッズは、こうしていくつかの派閥に分かれた後、モッズという言葉ではくくりきれない新しいカルチャーに発展していった。

モッズがもっともモッズらしかった頃の生態は、一九七九年のイギリス映画『さらば青春の光』で詳細に描写されている。映画は、当時のイギリスで同時に大きな勢力を持っていたロッカーズと激しく対立し、ブライトンで乱闘を繰り広げるモッズの様子を描いている。一九六四年に実際に起きたこの事件で、メディアはロッカーズとともにモッズの不良性、暴力性までも書きたてた。

そうしたこともモッズの変質に拍車をかけたことは確かだ。大多数は、モッズの反社会的、反抗的な精神性よりもファッション的な側面を追求し、一層きらびやかに着飾り、女性パワーが主導するスウィンギングロンドン(パート8参照)のムーブメントを起こす。そして少数派のモッズは、髪を短くしてディープなレゲエを聴き、男っぽくて粗野なスキンヘッズ(パート9参照)となるのである。

『さらば青春の光』
(英題:QUADROPHENIA)DVD

ネオモッズ

モッズは後述するスウィンギングロンドン、スキンヘッズ、そしてソウルボーイズ（パート14参照）などへと形を変えていくが、一九七〇年代後半、オリジナルに近い形で復活を遂げている。

ときのパンクムーブメントの波に乗り、ポール・ウェラー率いるモッズバンド、ザ・ジャムが人気を博するようになると、ザ・コーズ、ザ・パープル・ハーツ、ザ・ランブレッタズといったフォロワーのバンドも次々と登場し、ファンを獲得していく。

1970年代後半、ザ・ジャムで活動中の時期のポール・ウェラー

オリジナルモッズを知らなかったザ・ジャムのファンの若者は、ポール・ウェラーのスタイルを真似しようと考え、父親がクローゼットの奥にしまい込んでいたものや、古着屋で探したピチピチのスーツを着込み、ライブ会場や街に繰り出すようになった。

さらに一九七九年、前述の『さらば青春の光』が公開されると、モッズリバイバルブームが巻き起こる。この頃になると、若者の流行も多様化・分散化されていたので、オリジナルほどの一大勢力になることはなかったが、彼らはネオモッズと呼ばれるようになっていく。

ネオモッズの発展

最初の頃のネオモッズの多くは、モッズパーカを羽織る程度の遠慮がちなスタイルだったが、やがて二〇年前のオリジナルモッズにより近づきたいという願望が強くなり、テーラーメードで一九六〇年代風のモッズスーツを仕立てるようになっていく。

さらに一九八〇年代に入ると、スクーターの人気も復活。オリジナルモッズと同様に、ミラーやホーンなどで派手にデコレーションしたベスパやランブレッタを乗り回すようになった。特にマンチェスターやリバプールなどイングランド北部の街では、ネオモッズに加えて、後述する2トーンやネオスキンヘッズ(パート10参照)もこぞってスクーターに乗り出し、ネオスクーターズとでも呼ぶべき集団になっていたという。

カリスマだったザ・ジャムが一九八二年に解散すると、ネオモッズカルチャーも徐々に収束していくが、実は、一九八〇年代に台頭するスポーツウェアの若者集団、カジュアルズ(パート22参照)にその影響が及んでいる。

その後もモッズスタイルは幾度となくリバイバルを繰り返し、ストリートスタイルの基本形として今日にも残っている。

PART
08

ロンドンをむせかえるような熱気に包んだ
カラフル革命

SWINGING LONDON

スウィンギングロンドン

年代 ／1960年代
発祥 ／イギリス〈ロンドン〉
系統 ／ドレスアップ系　音楽系

中心メンバーの属性
階級 ／ミドルクラス
人種 ／白人
信条 ／ノンポリ　享楽主義

SWINGING
LONDON

はじまり

スウィンギングロンドンはいつはじまったのか。明確に特定することは難しいが、その出発点は一九六〇年代初頭のロンドンの裏通りに見ることができる。

一九五〇年代後半までは新聞屋や金物屋、小汚いカフェやショーパブが並ぶ、ソーホーのうらぶれた商店街だったカーナビーストリート。華やかなファッションスポットであるリージェントストリートの二本裏のこの通りに、一九五七年、腕のいい紳士服の仕立屋であるジョン・スティーブンが、みずからのショップ、ヒズ・クロウズをオープンする。スティーブンが提案する新しいメンズスタイル、細身シルエットのきらびやかなスーツは瞬く間に人気商品となり、ストリート沿いに彼のブティックが次々と増えていった。そしてカーナビーストリートは、モッズの聖域と化していくのだ。

マリー・クワントのミニスカート

しかし当初のカーナビーストリートには、女性もののショップが一軒も存在しなかった。男性主導のモッズのようにシンプルでカジュアル、そして新鮮味のある服が欲しいと願った女の子は、チェルシーのキングスロードの方に惹きつけられていた。

　彼女たちのお目当ては、ゴールドスミス・カレッジ・オブ・アートで学んだ弱冠二〇歳のデザイナー、マリー・クワントが、夫からの提供資金をもとに一九五五年にオープンさせたティーン向けショップだった。バザールという名のその店には、染め直した演劇用のタイツや子ども服のようなスリップドレス、斬新な色づかいのセーターやシャツ、クレヨンのような真っ赤や真っ黒の口紅、おもちゃのようなジュエリーや小物、そしてミニスカートなど、マリーが独自のセンスで揃えた風変わりでエキサイティングなアイテムが、ところ狭しと並べられていた。

　マリーのオリジナルデザインによる服は、ピンストライプのスーツ地やグレーのフランネルといった伝統的な素材を用いながら、ファッションの常識を打ち破るような型破りのデザインで仕立て上げるのが特徴だった。その中でも特に、〝古いルールへの反抗〟の象徴としてマリーが考案したミニスカートは、飛ぶように売れていた。一九六二年、マリー・クワントのミニスカートはアメリカ市場に進出し、一九六四年には世界的に大ブレイクを果たす。ロンドン生まれの新しいスタイルが、国際的なトレンドになったのだ。

　これによってスウィンギングロンドンは、本格的に大揺れをはじめるのだった。

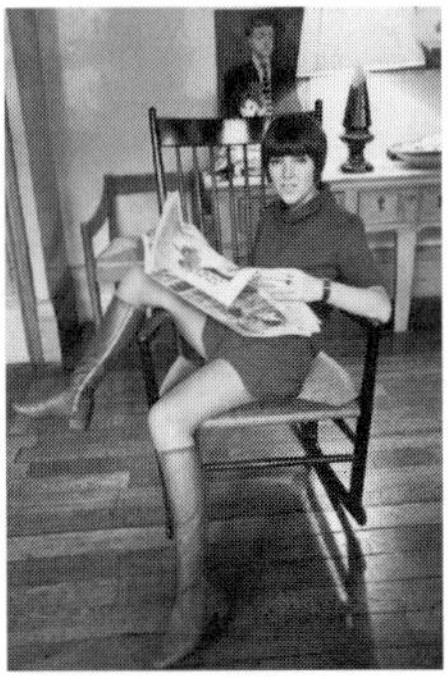
マリー・クワント
(Kristine/FLICKR)

三人のキーパーソン

スウィンギングロンドンを象徴する人物があと三人いる。

一人は〝ミニの女王〟と呼ばれたティーンエイジャーモデル、ツイッギーだ。まるで小枝――TWIGのような細身の体型だったことから、その愛称で呼ばれた彼女は、まだ無名の一六歳だった一九六六年、ショートヘアにたっぷりのマスカラとつけまつげ、細い脚に映えるミニスカートという姿でバザールのモデルとして登場する。

すると、ほとんど間を置かず、『ヴォーグ』をはじめとする一流ファッション誌が、こぞってこの新世代モデルを起用しはじめる。ツイッギーの若々しくやんちゃなイメージを生かし、ミニドレスを着て部屋の家具の上を飛び跳ねたり、ひざ丸出しのミニスカートでスクーターを乗り回したりしている写真が掲載されると、彼女の魅力はイギリス中の若者の心をとらえた。子どものようにあどけない顔をしたツイッギーの、下まぶたにまでまつげを描いた人形のようなメイクは、世界中の女性が真似するようになる。

自転車に乗るツイッギー
(RV1864/FLICKR)

もう一人は、女性のヘアスタイルに革命をもたらしたイギリス生まれのイスラエル人ヘアドレッサー、ヴィダル・サスーンである。一九五四年、メイフェアのボンドストリートにサロンを構えた彼は、斬新なヘアスタイルを次々と考案。特に、髪をパーツごとにカットし、直線的に切り揃えるボブスタイル、サスーンカットは、当時の女性に大きな衝撃を与え、カリスマ美容師としてその名が国中に知れ渡ることになる。マリー・クワントやツイッギーのヘアスタイルを担当したのもヴィダル・サスーンだ。

そして三人目は、一九六四年にケンジントンのアビンドンロードに、ビバというショップをオープンさせたバーバラ・フラニッキ。ポーランドに生まれ、ナチスドイツから逃れてパレスチナに移住した経験もあるユダヤ人のバーバラは、典型的なブリットスタイル（ブリティッシュスタイルの略）とは異なる独自の美学を持っていた。オリエンタリズムやゴシック様式を取り入れたビバの服は若者の人気を得るようになり、ときのハリウッドスターや英国王室の女性もこぞって購入していたという。

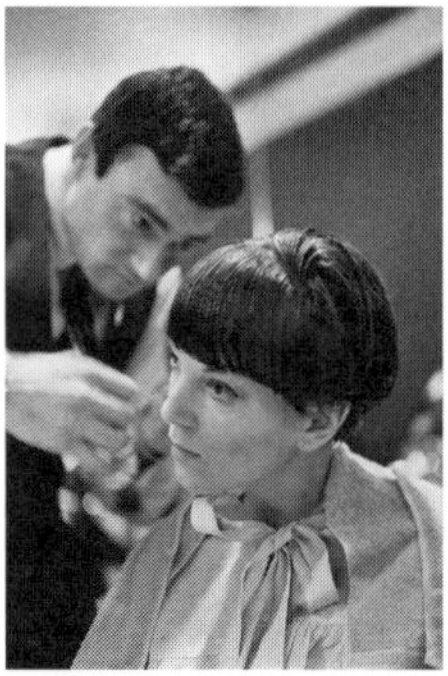
マリー・クワントの髪をカットするヴィダル・サスーン (Kristine/FLICKR)

１９６０年代のビバのカタログ (Charlotte Powell/FLICKR)

カラフル革命

スウィンギングロンドンの最たる特徴はビビッドカラーである。誰もが嬉々として、コーデュロイやサテン、ベルベットといった斬新な素材を使った極彩色のスタイルに身を包んだ。極彩色のドレスアップに夢中になるのは、女性だけではなかった。最初の頃、スウィンギングロンドンのファッションに夢中になる男性は、同性愛的な指向を持っていると決めつけられていた。ところが、ザ・ローリング・ストーンズのブライアン・ジョーンズや、ザ・ヤードバーズのジェフ・ベックのようなヘテロのミュージシャンがこういった格好をするようになると、〝ユニセックス革命〟〝ピーコック革命〟と呼ばれ、一般大衆の男性にもカラフルな服が浸透していく。

スウィンギングロンドンの源流は紛れもなくモッズだが、オリジナルモッズが持っていたソリッドでシンプルを旨とするスタイルはすでに過去のものとなっていた。しかしそのスタイルの端々には、モッズ的要素も確かに残っていた。例えばユニオンジャックの図柄が好まれたという点。当時、人気を博していたミニクーパーの屋根やドアにも、ユニオンジャックがよく描かれていた。ユニオンジャックのデザインをクールととらえ、愛国心をポップに楽しむカルチャーは、モッズ由来のものだった。

また一九五七年に誕生したフレッドペリーのシャツM12は、モッズに圧倒的に愛され、スウィンギングロンドンの先駆けともいえるアイテムだった。このフレッドペリーシャツはテニスウェアを起源としながら、それまでのような白一辺倒ではなく、さまざまなカラーバリエーションを揃え、衿と袖にラインが入り、体にぴったりフィットするという先進的なファッション性を備えていた。そうした特徴を支持したモッズが、華やかなスウィンギングロンドンへと発展したというのは自然なことだった。

サイケデリック

一九六六年、カーナビーストリートに初のレディースファッションの店レディ・ジェーンがオープンすると、ここは男女を問わず若者が集う場所になった。ここからスウィンギングロンドンのカルチャーは世界に向けて発信され、最先端のトレンドを求めて人々が世界各国から押し寄せ、現代ファッションの聖地へと化していく。

しかし、スウィンギングロンドンは隆盛を誇りつつも、この頃までは〝とにかく派手である〟という以外に一貫したテーマが見えず、極限まで膨張した挙句にいずれは空中分解する宿命のようにも見えた。そこへ一九六六年頃、あるコメンテーターがスウィンギングロンドン現象に対して的確な呼び名を与える。〝サイケデリック〟である。

ファッションや音楽とともに、一九六〇年代のユースカルチャーを代表するものがドラッグだ。当時の若者の間では、マリファナやＬＳＤ、覚せい剤などが広く使用されていた。サイケデリックとは、一九六六年頃にヒッピー(パート12参照)を中心としてアメリカ西海岸にはじまった流行で、LSDを服用したときに見られる幻覚や精神状態のことを指す言葉である。その善し悪しの議論はさておき、LSDは間違いなく当時の世界中で、新たな芸術やファッションを生み出す原動力になっていた。

LSD

LSDは一九三八年にスイス人化学者、アルバート・ホフマンによって合成された幻覚剤である。その後は医療用や軍事目的(自白剤)として研究が進められ、娯楽用の酩酊剤として大衆に広まるのは一九六〇年代になってからだ。

LSDの普及に一役買ったのは、アメリカの心理学者ティモシー・フランシス・リアリーである。一九六〇年に自身で初めて薬物によるトリップを経験して衝撃を受けたリアリーは、以降、ハーバード大学でLSDによる精神拡大の研究に取りかかる。当時、LSDはまだ麻薬指定を受けていない合法薬物だったが、学生を巻き込んで偏った研究をしているとの批判を受けたリアリーはハーバード大学を追われ、その後はサイケデリック体験の伝道師として、LSD普及に力を注ぐようになるのである。

LSDで得られる幻覚の特徴は、派手な色彩であることと、抽象的であることだ。スウィンギングロンドンの流行は、アメリカ発祥のサイケデリックと同根であると指摘されて以降、渦巻き模様などのドレスや、光沢のあるサテン地にレザーを組み合わせるというような、一層けばけばしいスタイルがシーンにあふれ返るようになる。

一九六六年、キングスロードにサイケデリックブームを一手に引き受けるようなブティック、グラニー・テイクス・ア・トリップがオープンすると、ピンク・フロイドのシド・バレットやザ・ローリング・ストーンズのブライアン・ジョーンズ、ザ・ビートルズの面々などが顧客となり、サイケデリックのブームはますます拡大していく。

サイケデリックの音楽

サイケデリックは、音楽の分野でも一九六六年から潮流をつくりはじめた。アメリカのバンド、ザ・バーズ、ジェファーソン・エアプレイン、グレイトフル・デッドなどの活動に影響を受け、イギリスでもザ・ビートルズが同年、サイケデリック色の強いアルバム『リボルバー』を発表。一九六七年になると、ザ・ローリング・ストーンズの『サタニック・マジェスティーズ』をはじめ、世界中で多くのアーティストがサイケデリックな作品を発表するようになる。後にプログレッシブロックの代表的なバンドとなるピンク・フロイドも、シド・バレットが在籍していた最初期である同年、サイケデリックロックバンドとしてデビューしている。

そしてザ・ビートルズが決定的なアルバムをリリースする。ロック史に残る名盤『サージェント・ペパーズ・ロンリー・ハーツ・クラブ・バンド』である。まるで幻想の世界のように奇妙なジャケットのデザインから彼らの服装、サウンド、歌詞世界まで、サイケデリックカルチャーの頂点を示すアルバムとして、世界中に認知された。

スウィンギングロンドンの終焉

こうしてスウィンギングロンドン＝サイケデリックという図式が確定すると、同時期にアメリカのサンフランシスコを震源地として巻き起こっていたヒッピームーブメントとの融合がはじまる。〝ラブ＆ピース〟を標榜し、色彩豊かな服を身にまとうヒッピーの一形態・フラワーチルドレンはアメリカのカルチャーだが、間違いなくスウィンギングロンドンのサイケデリックスタイルと連動している。

そしてスウィンギングロンドンというカルチャー自体は、全世界的に広がったヒッピームーブメントと一体化する形で、一九六〇年代の終わりと歩を合わせるように終焉を迎えるのである。

その後

スウィンギングロンドンが合流したヒッピームーブメントは、日本を含む先進資本主義諸国の若者に熱く支持され、一九六〇年代末までは大きな広がりを見せる。しかしさまざまな問題（パート12〈ヒッピー〉参照）で縮小を余儀なくされ、一九七〇年代中頃にはベトナム戦争の終結と薬物の厳しい取り締まりによって完全に衰退してしまった。

カーナビーストリートは一九七〇年代以降、かつての熱狂の現場として、土産物屋だらけの観光名所になっていた時期もあるが、近年は有名ブランドのショップが立ち並ぶ、カジュアル系ファッションの通りとして蘇っている。

ヒッピーもファッション界では、周期的にリバイバルブームとなるほど定着。モダンなアレンジをされたヒッピー風スタイルは、二十一世紀の街にも違和感なく溶け込んでいる。

そして半世紀以上が経過した現在でも、ロンドンがむせかえるような熱気で満ちていた一九六〇年代を彷彿とさせるデザインがたびたび注目され、人々の心を惹きつける。それはノスタルジックである一方、悪乗り寸前の実験的センスがいつの時代でも新鮮であり、ユースジェネレーションの琴線に触れる本質的な何かがあるからかもしれない。

PART
09

モッズから派生した
強面系ストリートスタイルの代表格

SKIN-HEADS

スキンヘッズ

年代 ／1960〜1970年代
発祥 ／イギリス〈ロンドン〉
系統 ／ドレスダウン系&ドレスアップ系　音楽系

中心メンバーの属性
階級 ／ワーキングクラス
人種 ／白人
信条 ／右派　アウトロー

skinHEADs

ハードモッズ

全盛期にいくつかの派閥に分かれたモッズは、一九六〇年代中頃を過ぎると、二つの大きな流れへと集約されていく。

ハイギアやスクーターズ系のモッズは、スタイルをよりきらびやかに発展させ、サイケデリックを経てヒッピーへと流れていく、前述のスウィンギングロンドン一派となっていた。

そしてその波に乗りたくなかった少数派であるローギアやルードボーイズ系のモッズは、本来のモッズが持っていた粗野で男らしい部分を強調し、よりシンプルに先鋭化させていく動きに出る。彼らは硬派なモッズ＝ハードモッズと呼ばれるようになった。

ミドルクラスが多かったスウィンギングロンドン派と違い、ワーキングクラス層が多かったハードモッズは、アイデンティティを誇示するため、ドクターマーチンやスティールトゥのごついワークブーツ、自慢のブーツを強調できるようにロールアップしたリーバイス５０１やアーミーパンツ、あるいはリーバイスのノーアイロンスラックスであるスタプレス、厚手のドンキージャケット、ハリントンジャケットの通称で知られるバラクータのＧ９、そしてベンシャーマンのボタンダウンシャツに目立つサスペンダーという男らしいアイテムを身につけ、髪をどんどん短くしていった。

スキンヘッズの誕生

髪を五分刈りまで刈り込む強面スタイルが確立されると、彼らの呼び名はいつしかスキンヘッズ（スキンズ）へと変わっていった。

より正確な書き方をするならば、オリジナルモッズだった人が、ハードモッズ、そしてスキンヘッズへと進化していったわけではない。基本的にはいずれのユースカルチャーも、その時々の一〇代後半から二〇代前半の若者が中心になるからである。例えばオリジナルモッズやハードモッズの弟たちが、兄のスタイルを真似しつつ先鋭化させ、スキンヘッズスタイルをつくっていったということになるはずだ。

フレッドペリーのポロシャツ、ベンシャーマンのボタンダウンシャツ、リーバイスの501とスタプレス、サスペンダー、ハリントンジャケットなど、スキンヘッズスタイルの基本アイテムはいくつもあるが、もっとも愛されたのはドクターマーチンのブーツだ。

ドクターマーチンとは、第二次世界大戦後間もなく、ドイツ人医師のクラウス・マーチンが開発したバウンシングソールと呼ばれるエアークッションのきいた靴底を施したワークブーツである。当初は本来の目的通り、郵便配達人や警察官、工場労働者などに愛用された実用本位の作業靴だったが、ワーキングクラス層のスキンヘッズはこのブーツをおしゃれに用いるようになる。

ハードモッズや初期スキンズには黒革のものやロングタイプも履かれていたが、やがてチェリーレッド（赤茶色）の8ホール（シューレースを通す穴が片側八つずつ）、型番1460がもっともクールであると認識され、スキンズを象徴するアイテムになっていった。

シューレースは黒が基本だが、白や黄色でもOK。フロントでクロスさせず横一文字で思い切りきつく締め、左右の外羽根が隙間なくぴったりくっつくようにするのがスキンズ流だった。

初期の典型的なスキンヘッズ

ドクターマーチンの型番1460

ルードボーイズとの共鳴

スキンズはモッズが愛したモータウンなどのソウルミュージックを好んだが、ヒッピーの好むプログレやサイケ、フォークなどは忌み嫌った。そして自分たちだけの音楽を求めてたどりついたのが、ジャマイカからの移民が本国から持ち込み、ルードボーイズが愛したブルービートと呼ばれる音楽だった。デズモンド・デッカーやザ・スカタライツ、トゥーツ・アンド・ザ・メイタルズ、デイヴィッド・アイザック、ジ・アップセッターズ、ローレル・エイトキン、アルトン・エリスなどが演奏するスカやロックステディ、初期レゲエである。ワーキングクラスで虐げられるイギリス白人の反骨精神と、ジャマイカのやはりワーキングクラス思想であるラスタファリが共鳴した結果であるとも考えられる。

スキンズは、服装面でもルードボーイズスタイルから影響を受けていく。ラップアラウンドサングラス、光が当たると色味を変えるモヘア素材のトニックスーツ、白い靴下、ブローグシューズ、黒いロングコート、ポークパイハットなどは、ルードボーイズ由来のアイテムだ。

スキンズ最盛期

一九六〇年代の後半が近づくにつれ、イギリスの主要都市ではどこでも坊主頭が闊歩するようになった。その頃のスキンヘッズの間で流行ったのが、ボマージャケットと呼ばれる爆撃機の乗員用ジャンパーだった。特に、一九五〇年代初頭にアメリカ空軍が開発したMA－1が人気となる。

当時、彼らが多く住むロンドンのイーストエンドなどでは、レゲエの中古レコードが大量に出回っていた。一九六九年にはデズモンド・デッカーの『イズレアライツ』がヒットチャート1位を獲得し、シマリップの『スキンヘッド・ムーンストンプ』や『スキンヘッド・ガール』のように、スキンズをテーマにした楽曲もヒットチャートにのぼるようになる。

シマリップのアルバム
『スキンヘッド・ムーンストンプ』

ちなみに、粗野なスタイルであるスキンヘッズは、基本的に男性中心のカルチャーだったが、シマリップが歌ったように、女性でもこのカルチャーに身を投じる者がいた。彼女たち＝スキンヘッド・ガールのスタイルは、基本的に男性のものとあまり変わらない。肉体労働に従事する男性がつくり出した無骨なワーキングスタイルを、女性もほとんどそのまま受け継いでいたのだ。

特徴的なのはその髪型で、前髪やもみ上げ、後ろ髪などの裾部分を長く伸ばしたまま、頭頂部を男性と同様に五分刈りにしていた。デニムパンツの代わりに、デニムのタイトなミニスカートと網タイツ、またドクターマーチンの代わりにモンキーブーツを履く者も多かった。

スキンズのライフスタイル

仲間意識と地元志向の強かったスキンズはサッカーを愛し、地元のチームを応援するために大挙してスタジアムに押し寄せた。彼らにとってサッカープレーヤーは、みずからの肉体ひとつで勝ち取った栄光の舞台で活躍する英雄そのものだったのだ。普段はフレッドペリーのポロシャツかベンシャーマンのボタンダウンシャツを着て、肉体を使って働いたり街をうろついたりサッカー場に集ったりし、週末の夜になるとルードボーイズ風のトニックスーツスタイルでキメてクラブに向かう。それが典型的なスキンズのライフスタイルだ。

白人ワーキングクラスの彼らは、同時期に世界のユースカルチャーの主流を成していた博愛主義のヒッピーとは対極に位置し、保守的で短気で乱暴だった。イギリス人としての愛国主義理念にとらわれながら、彼らを疎外する政府や社会、学校や家庭、他のユースカルチャーに苛立ちを募らせていた。最初のうちはサッカー場の観客席での乱闘で鬱憤を晴らしていたが、やがてストリートでヒッピーやゲイ、そして移民を攻撃するようになる。

目立つ悪行

特にパキスタン人移民への攻撃は熾烈だった。スキンズにとってジャマイカからの移民は尊敬に値したが、彼ら好みの文化を持たないパキスタンからの移民は、仕事を奪うだけの侵入者と映り、強い憎しみと蔑みの対象となったのだ。

一九六八年の終わり頃からストリートで暴力をふるう者が目立つようになり、スキンヘッズ＝無法者のイメージが強くなる。サッカー場での悪行から、スキンヘッズといえばフーリガン、という図式が成立したのもこの頃からだ。

直接スキンヘッズをテーマにしたものではないが、一九七一年に公開され、カルト映画として後世に名を残すスタンリー・キューブリック監督による映画『時計じかけのオレンジ』は、近未来の世界を舞台にした設定ながら、ブーツとサスペンダーが目立つ登場人物のユニフォームチックなファッションや無軌道な暴力性など、明らかに当時世間を騒がせていたスキンヘッズを念頭に描かれたものだ。

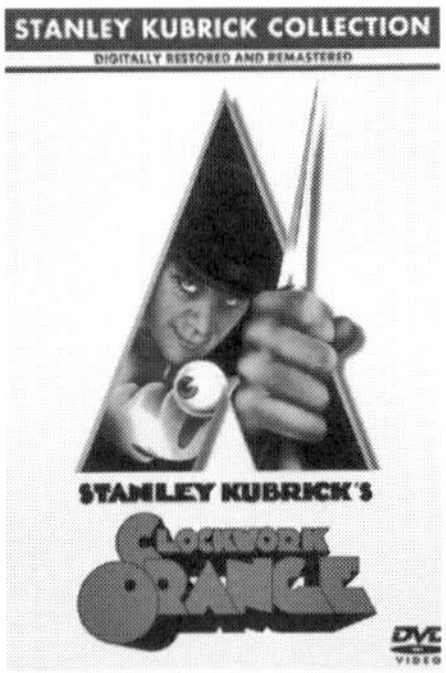

『時計じかけのオレンジ』
（英題：CLOCKWORK ORANGE）DVD

スウェードヘッズへ

一九六九年になると、スキンヘッズはその粗暴な行状により、街の迷惑者扱いされ、社会から本格的に疎外されるようになる。暴力が目的ではなく、音楽とおしゃれとサッカーを愛するカルチャーとしてスキンズの道を選んだ者の多くは、社会からの敵視に耐えられなくなり、やがてその象徴である坊主頭をやめるようになった。社会に受け入れてもらうため、イメージアップをはかろうとしたのである。

彼らは、夜のクラブだけではなく昼間も比較的きちんとした服装をし、髪は櫛でとかせるくらいまで伸ばすようになった。毛足の長くなった髪型が皮革のスウェードに似ていたことから、彼らはスキンヘッズではなく、スウェードヘッズと呼ばれるようになる。

スウェードヘッズのライフスタイル

元来、しゃれ者のモッズ、スキンズから派生した集団だけに、スウェードヘッズも服装へのこだわりは相当に強く、人気のブランドはやはり、フレッドペリーとベンシャーマンだった。スキンズの頃と変わらぬハリントンジャケットを羽織り、またジーンズもよく穿かれていたが、ジーンズより小綺麗に見えるリーバイスのスタプレスは、スキンズよりも愛用者が多かった。

スーツは特にグレンチェックや千鳥格子柄に人気が集まった。スーツの上からクロンビーコートを羽織り、そのトップポケットにはシルクのハンカチを挿すことが流行した。シャツはバタフライカラーと呼ばれる大きな衿のボタンダウン。タータンチェック、ウインドウペンチェック柄などのクラシカルなものを愛用した。色はやや濁ったパステル調のものが好まれた。ソリッドレッドやブルーなどのカラフルな靴下を履くことと、サスペンダーをやめてベルトをするようになったこと、ブーツをやめてブローグシューズを履くようになったことも、スウェードヘッズの特徴だ。

音楽は相変わらずスカ、ロックステディ、レゲエやソウルミュージックが好み。しかし頑なスキンズとは違い、スウェードヘッズはスウィートやスレイド、モット・ザ・フープルなど、当時人気が出はじめていたグラムロックも聴くようになった。

一九七一年以降になると髪はさらに長く、衿が隠れるほど伸ばす者も現れ、呼び名はスウェードヘッズからスムーズへと変わっていく。

そして、スタイルや聴く音楽だけではなく、生活そのものを変える動きもはじまる。彼らのアイデンティティだった肉体労働から足を洗い、ホワイトカラーの仕事に就く者が出てきたのだ。そうして、他の若者と同化して社会に溶け込んでいくとともに、スウェードヘッズ＆スムーズは自然消滅してしまう。

またイングランド北部に住んでいたスキンヘッズは、マンチェスターを中心に一九七〇年代に盛り上がりを見せていたノーザンソウルの動きに共鳴し、後述するソウルボーイズ（パート14参照）やその発展形であるペリーボーイズ（パート15参照）に鞍替えする者も多かった。

PART
10

ネオナチ勢力へと取り込まれていった
リバイバルスキンヘッズ

NEO SKINHEADS

ネオスキンヘッズ

年代 ／1970〜1980年代
発祥 ／イギリス〈ロンドン〉
系統 ／ドレスダウン系&ドレスアップ系　音楽系

中心メンバーの属性
階級 ／ワーキングクラス
人種 ／白人
信条 ／右派〜極右　アウトロー

NEO SKINS

復活

髪を伸ばし、消えていったように見えたスキンヘッズだったが、スウェードヘッズへと流れなかった頑固な一派が、ロンドンのイーストエンドで脈々と生き残っていた。パンクムーブメントが燃えさかりはじめた一九七六年、パンクス（パート16参照）はリバイバルしたテディボーイズとの抗争に明け暮れ、腕っぷしの強いスキンズは、双方の頼れる用心棒になっていたのだ。テディボーイズを支持したスキンズは、伝統を愛し初期スタイルを継承する、ソフトな愛国思想を持つ派閥だった。服装もスキンズ第一世代の模倣を志し、古着屋で揃えることが多かった。この頃、一九六〇年代のオリジナルスキンヘッズが放出したトニックスーツなどが、古着屋に数多く出回っていたという。

彼らはやがて、一九七八年頃からヒットチャートをにぎわすようになったザ・スペシャルズ、ザ・セレクター、ザ・ビート、マッドネス、バッド・マナーズなど、パンクの影響を受けたネオスカバンドの奏でるサウンドを好んで聴くようになる。

バンドのメンバーの服装はルードボーイズのそれを進化させたもので、髪型はスウェードヘッドだった。黒人と白人の調和を目指した彼らは、市松模様などの白と黒を基調とする服を身にまと

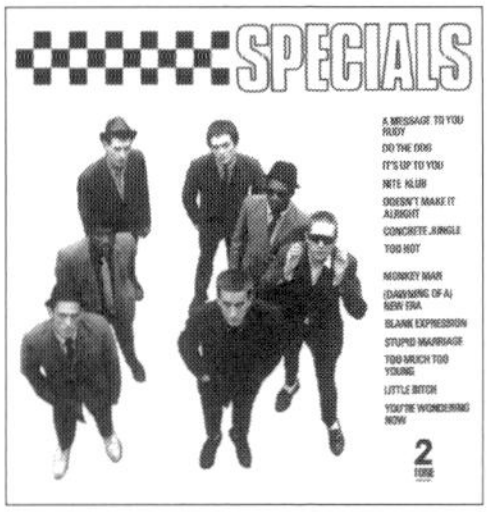

ザ・スペシャルズのファーストアルバム

い、反人種差別・反暴力のメッセージを掲げる、2トーン運動を展開する。

暴れん坊スキンズ

パンクスを支持するスキンズは、右派・左派入り乱れたアナーキー思想の暴れん坊で、ネオスキンズあるいはプラスティックスキンズと呼ばれるようになった。一九七六年後半から急速にファンを増やしていたワーキングクラス出身のパンクバンド、シャム69はパンクスとネオスキンズ双方から支持され、スキンズ勢力の拡大を促進する。

この新しいスキンズはオリジナルよりも、スタイルがずっと過激になっていた。サスペンダーとジーンズというのはオリジナルと同じだったが、頭はツルツルにそり上げ、体や腕ばかりか顔にまで入れ墨を施し、Tシャツの上にMA－1を羽織るのがお決まりだった。ジーンズはブリーチ液でまだら模様に脱色したものが好まれた。足元はやはりドクターマーチンのブーツだったが、オリジナルが愛したチェリーレッドの8ホールではなく、黒の10ホールあるいはそれ以上のロング丈のものが主流になった。

スタイルが極端に走ると、その思想も過激になり、特に右派思想を持つスキンズは、一九七七年頃から台頭してきた白人至上主義のネオファシスト党、ナショナル・フロントやブリティッシュ・ムーブメントに加入する者が増えていく。

彼らは、白人としての誇りを象徴するものとして、ドクターマーチンのブーツに白いシューレースを通して履くようになる。

オイ!

ネオスカと2トーン運動は、一時期は大きな盛り上がりを見せたものの、比較的短期間で収束していく。一方、パンク系のネオスキンズの動きは、常にアンダーグラウンドではあったものの、徐々に活発になっていった。音楽シーンでは、コック・スパラー、メナース、コックニー・リジェクツ、エンジェリック・アップスターツ、ザ・4-スキンズ、ザ・ビジネスなどのスキンズバンドが続々と現れ、ときのハードコアパンクシーンとも呼応した〝オイ!〟というパンクのサブジャンルを形成していく。

オイ!の語源については諸説あるが、もともとは「よう」、「やあ」、「オス」とでも訳すべき、ロンドンの若者のくだけたあいさつ言葉から転用されたというのが有力だ。

オイ!はパンク以外にも、ブリティッシュビートやパブロック、スカ、さらにグラムロックからも影響を受けて成立した音楽である。基本的には、社会へ不満をぶつける攻撃的なパンクロック調が主流だが、ワーキングクラスであることの誇り、逆に不安や悲哀、あきらめに似た明るさなど、複雑な感情が同居するブルージーな曲が多かった。ほとんどの曲は単調な構成で、がなり立てるようなボーカル、そしてワーキングクラスの者同士の連帯を表現するため、サッカーの応援歌のようにサビを大合唱する、シンガロングと呼ばれるスタイルが多く見られる。よく聞き取れない歌詞が「オイ！　オイ！　オイ！」としか聴こえない、というのも語源のひとつの説になっている。

衝突

一九八一年、オイ！バンドのコンサート会場周辺で、アジア系住民とスキンヘッズによる乱闘事件が発生する。会場で演奏していたラストリゾート、ザ・4-スキンズ、インファ・ライオットなどのバンドは、まったく人種差別主義者ではなかったが、警察は騒動の発端を、それらのバンドのファンに含まれていたネオナチのスキンヘッズによる攻撃と断定した。

一九七八年からロック・アゲインスト・コミュニズム（RAC）という、反共産主義を旗印にした音楽イベントを開催していたナショナル・フロントは、これらの事件からスキンズの影響力と行動力を重視するようになる。民族主義（実際は人種差別主義）を掲げるスキンズによるオイ！ミュージックの普及に、より力を注ごうと考え、一九八三年、ホワイト・ノイズ・レコードという音楽レーベルを設立。ホワイト・ノイズ・レコードは同年、スクリュードライバーというバンドによる強烈な白人賛歌『ホワイト・パワー』を発売する。

一九七六年、イングランド北部の街ブラックプールでイアン・スチュワート・ドナルドソンを中心に結成されたスクリュードライバーは、一九七七年にファーストアルバムを発売したスキンヘッズ系のパンクバンドである。ワーキングクラスの目から社会の矛盾を訴えた楽曲は多くのスキンズに支持され、後のオイ！ミュージックの成立にも大きな影響を及ぼしたが、バンドは一九七九年に一旦解散している。ところが、イアンをはじめとするバンドのメンバーはその後、ナショナル・フロントに教化され、一九八二年に極右・白人至上思想のネオナチバンドとして復活していたのだ。

スクリュードライバーの影響を受け、その後、スカルヘッド、ノー・リモースなど、イギリス各地でスキンズによるネオナチバンドが次々と結成されていく。一九八六年にはデズモンド・デッカーのライブ会場に複数のスキンズが乱入し、デッカー本人に危害を加える事件が発生。一九八〇年代末になると、白人の優越を唱えるスキンズ運動、ブラッド・アンド・アナーキーも誕生する。

こうして、スキンヘッズ＝ネオナチのイメージが定着していくのだ。

スキンヘッズを描いた映画

ワーキングクラス出身のスキンヘッズが、ネオナチへと流れていく一九八〇年代の彼らのリアルな心情や生態は、我々日本人にはどうしてもピンとこないものだが、理解を助けてくれる絶好の映画がある。二〇〇六年公開のイギリス映画『ディス・イズ・イングランド』だ。

映画は一九八三年、サッチャー政権下のイギリス・ロンドン郊外が舞台。フォークランド紛争で父親を亡くした貧困家庭で育つ一〇歳のいじめられっ子が、スキンヘッズの仲間となる物語だ。人種差別的行動に走る精神性や、ナショナル・フロントによる教化の過程、スキンヘッズの心の機微が克明に描かれていて、一九八〇年代当時のスキンヘッズファッションも詳しく理解できる映画である。

『ディス・イズ・イングランド』DVD

また、アメリカのスキンヘッズの生態を知るには、一九九八年のアメリカ映画『アメリカン・ヒストリーX』がおすすめだ。白人至上主義に傾倒する兄弟を通して、当時のアメリカが抱えていた人種や貧困の問題が浮き彫りにされている。

SHARP

こうした状況に対抗し、反人種差別を訴えるスキンヘッズも登場する。一九八一年にウェールズの街カーディフで結成されたオイ！バンド、ジ・オプレストは、一九八〇年代後半、フロントマンのロディ・モレノが、アメリカではじまった反人種差別のスキンヘッズ運動、シャープ（SHARP = SKINHEADS AGAINST RACIAL PREJUDICE）をイギリスに持ち込み、大きく展開しはじめる。モレノの目的は、一九六〇年代末におけるスキンヘッズ文化の成立に目を向け直し、人種差別することなくジャマイカ文化を愛した本来のスキンヘッズの心を取り戻そうと訴えるものだった。

現在もスキンヘッズはアンダーグラウンドながら、イギリスだけではなくアメリカ、ドイツ、イタリア、フランス、ロシア、北欧・中欧・東欧諸国、そして日本にも存在しつづけている。二〇一五年からのシリア難民危機や、二〇一七年のトランプ政権発足以降は、世界各国、特に欧米諸国を中心にゼノフォビア（外国人嫌い）の風潮とヘイトクライムの連鎖が広がり、ネオナチ系スキンヘッズの強硬な行動が再び活発化しているというニュースも散見され、動向が気になるところだ。

PART
11

現代へと続く
アメリカンカルチャーの出発点

BEAT GENERATION

ビートジェネレーション

年代 ／1950～1960年代
発祥 ／アメリカ〈ニューヨーク〉
系統 ／ドレスダウン系　文学系　音楽系

中心メンバーの属性
階級 ／ミドルクラス
人種 ／白人
信条 ／自由主義

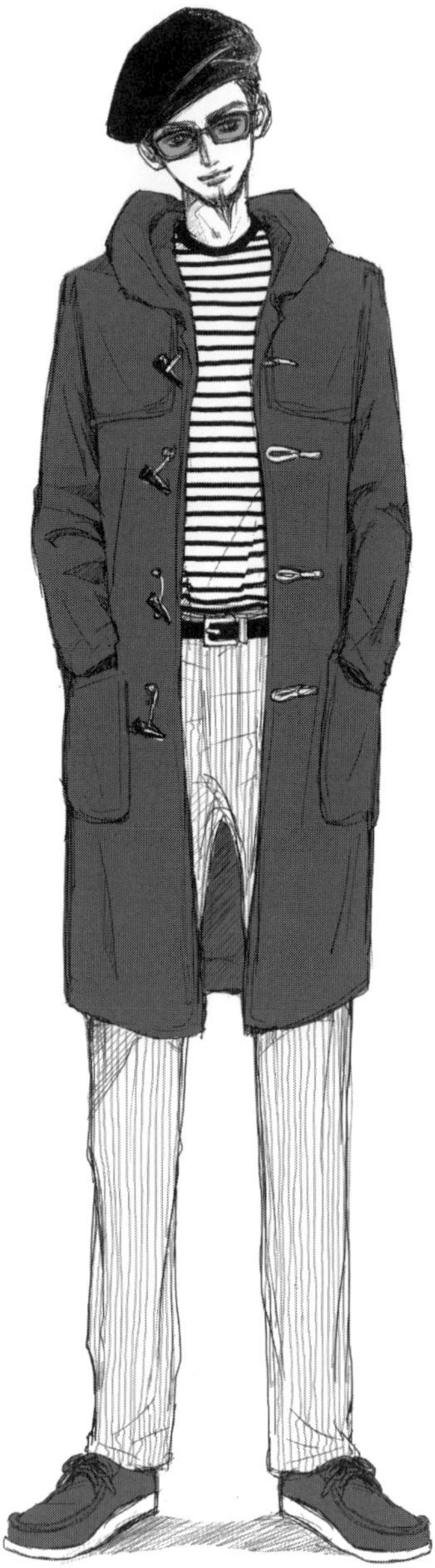

BEAT GENERATION

アメリカの思想運動

新興国家であるアメリカの国民は、二〇世紀に至るまで、文化の面でヨーロッパ諸国に遅れをとっているという自覚を持っていた。音楽と映画の分野では一九世紀末から二〇世紀初頭にかけて、ジャズ、ブルース、ハリウッド映画といった画期的なものも登場しているのだが、これらが確固とした文化と認識されるのは後年のこと。黒人に対する差別感情が根強かった当時、アメリカ社会の主流派である白人は、黒人が生み出したそれらの〝アフリカ音楽〟を楽しみつつも、世界に誇れる自国産文化と素直には認めたくなかった。また、ギャング映画や西部劇、ミュージカル映画、ディズニーアニメなども取るに足らない娯楽に過ぎないと考えていたのだ。

しかし第二次世界大戦後には、指揮者でありピアニストでもあるレナード・バーンスタインや現代音楽の作曲家ジョン・ケージ、抽象画家のジャクソン・ポロックやジョージア・オキーフ、舞踏家のマース・カニンガムなどの斬新な作風が世界を驚かせ、白人によるアメリカ独自の〝ちゃんとした〟芸術が国際的に評価されるようになる。

さらに一九六〇年代に入ると、文学を起点とするまったく新しい文化・思想運動が巻き起こり、世界中の若者に大きな影響を与えることになる。それが次世代のヒッピー、そして21世紀のサードウェーブやノームコアの思想にまで影響を及ぼしているといわれるビートである。

社会への絶望から

ビートの思想は、第二次世界大戦後に醸成された、若年層の社会に対する絶望感をバックボーンにしている。大戦が終わり平和な時代になると思いきや、一九五〇年代に入るや朝鮮戦争、一九五五年にはベトナム戦争と、資本主義陣営と共産主義陣営の代理戦争が相次いではじまった。そのうえ国内では東西冷戦の激化に伴い、共産主義者ばかりか思想的にリベラル派というだけで弾圧されるマッカーシズムが渦巻いていた。一九五〇年代のアメリカ国民は、自由な政治談義さえできないような息苦しさに包まれていたのだ。

そんな薄汚れた現代社会を否定し、開拓時代の純粋なフロンティアスピリッツを見直すことを根本理念にしたのがビートだ。ビート思想はさらに、一九世紀の終わりから二〇世紀初頭にかけての恐慌時代、主に貨物列車にただ乗りして仕事を探し、方々を渡り歩いたホームレスの労働者、ホーボーの放浪生活に憧れと共感を抱くものだった。

旧世代がつくった社会制度や道徳をことごとく否定し、個人の魂の解放を訴えるビートの世界観は、文学作品によって広まった。一九五五年にポエトリーリーディングによって詩集『吠える』を発表したアレン・ギンズバーグ、一九五九年に小説『裸のランチ』を発表したウィリアム・バロウズ、そして『路上』を書いたジャック・ケルアックが、このカルチャーの先導者となる。

三人は一九四三年に共通の友人を介して知り合い、親交を深めた友人同士でもあった。

特に、大著である『路上』をわずか三週間で書き上げたと伝えられるジャック・ケルアックは、キング・オブ・ビートと呼ばれ、まるで神のように崇められた。フランス系カナダ人の移民の家庭に生まれ育ったジャックは、フットボール選手としてコロンビア大学に進学したものの、入学後すぐに負った怪我によってフットボールをあきらめ、第二次世界大戦では船員として世界中を航海した経歴を持っている。

『吠える』や『路上』などのビート文学をいち早く発見し、出版したのは、シティライツブックスという、サンフランシスコの書店兼出版社である。みずからも詩人として活動するローレンス・ファーリンゲティが一九五三年に創業したシティライツブックスは、現在も世界中から人々がやってくる現代カルチャーの聖地となっている。

ジャック・ケルアック（右）と
ニール・キャサディ（Writer Pictures/アフロ）

『路上』

一九五七年に出版された『路上』(日本語訳のタイトルは、一九五九年に出版された際は『路上』、二〇〇七年の新訳版は『オン・ザ・ロード』)は、ビートのバイブル的な小説である。作中にはビートカルチャーを担った実在の人物が名前を変えて登場する。ジャック・ケルアックはサル・パラダイス、アレン・ギンズバーグはカーロ・マークス(『オン・ザ・ロード』では、カーロ・マルクス)、ウィリアム・バロウズはオールド・ブル・リーである。草稿段階では実名で書かれていたが、与える影響の大きさを考慮し、出版時に役名へ変えられたという。

主人公のディーン・モリアーティのモデルは、ニール・キャサディという人物。少年院出所後、ジャック・ケルアックの友人となったニール・キャサディは、奔放で過激な生きざまで知られ、アレン・ギンズバーグとウィリアム・バロウズにも大きな影響を与えた。彼は後年、ヒッピーたちがつくったコミューンのバス運転手をしていたが、一九六八年にメキシコの線路上で、裸の変死体で発見されている。

『路上』

『路上』は、作者であるジャック・ケルアックとニール・キャサディの、実体験を反映した小説である。彼らは一九四〇年代末から一九五〇年代初頭にかけて都合四回にわたり、ヒッチハイクあるいはステップダウンボディの一九四九年式ハドソンに乗って、アメリカ大陸四千マイルを自由に放浪した。ジャックの旅立ちを後押ししたのは、復員軍人援護法（G.I. BILL）だった。一九四七年七月、給付金を貯めた蓄えが五〇ドルに達すると、ジャックは最初の旅に出発したのだ。

酒とドラッグとセックスに翻弄されつつ、さまざまな出来事に巻き込まれ、ときに悪事を働きながら旅をつづけていくさまを淡々と、そしてみずみずしく描いた『路上』は、当時の若者の心を強く揺さぶった。

ビートジェネレーション

ビートの思想に染まった若者は、ビートジェネレーションあるいはビートニクスと呼ばれるようになる。日刊紙『サンフランシスコ・クロニクル』のコラムニスト、ハーブ・カーンによる造語ビートニクは、今日ではもとの意味合いは薄れているが、ビートの思想に染まり、無軌道で粗野な行動をとる若者を冷ややかに評した言葉。アレン・ギンズバーグは、自分たちがつくったカルチャーがこう呼ばれておちょくられることを、面白く思っていなかったという。

ビートニクは、一九五七年の一〇月と一一月に打ち上げられたソ連の人工衛星、スプートニクにあやかった名前だ。当時のアメリカ社会は、冷戦の相手国であるソ連に宇宙開発で先を越されて大きな衝撃を受け、危機感を募らせていた。スプートニクと同様、ビートニクもアメリカの主流派に敵対する危険因子とみなされていたことがうかがえる。

ビートジェネレーションは同志との交流を求め、ニューヨークのグリニッチ・ビレッジやカリフォルニアのバークレーに集うようになった。グリニッチ・ビレッジは、一九世紀末からこの頃まで、芸術家が集まる自由な街として知られ、アメリカの同性愛者解放運動発祥の地ともなっている。バークレーは、カリフォルニア大学バークレー校のある街。同校はその後、ビートジェネレーションのメッカとなっていった。

旅へ

ビート文学に刺激されたビートジェネレーションのうちの行動派は、バックパックを背負ってアメリカ国内はもちろん、世界の各地へと旅をするようになった。アメリカやヨーロッパ諸国と比べ、現代文明の浸食度が低いと彼らが判断した、インドをはじめとするアジア各国や中南米は、かっこうの冒険の舞台となった。

時代の空気が熱くしたのは若者の心ばかりではなかった。『二十日鼠と人間』、『怒りの葡萄』、『エデンの東』などの著作で知られる文豪ジョン・スタインベックは、ノーベル文学賞を受賞する二年前の一九六〇年、五十八歳のとき、特注キャンピングカーにプードルの愛犬チャーリーを乗せ、アメリカの社会と自分を見つめ直す旅に出る。四か月に及んだその旅は『チャーリーとの旅』という本にまとめられた。

日本人も例外ではない。のちに作家及び政治活動家として名を成す小田実は、東京大学を卒業して予備校講師をしていたが、一九五九年、米国留学後に二〇〇ドルを握って世界一周の旅に出かけ、行く先々で人々と交流をはかった。その体験記『何でも見てやろう』は一九六一年に出版され、ベストセラーとなっている。もっとも小田は、渡米時にグリニッチ・ビレッジで知り合い、親交を深めたビートジェネレーションの快楽主義的で神経質、そして破滅的な行動には違和感を持ち、〝さびしい逃亡者〟と批判した。敗戦国民である日本人からすれば、裕福なアメリカのお坊ちゃんによるお遊びにしか見えなかったのであろう。

一九七〇年代前半に実行された旅なのでビートというよりも、その後のヒッピーカルチャーに影響を受けたものかもしれないが、ノンフィクション作家の沢木耕太郎による一九八六年出版の著作『深夜特急』の旅は、リアルタイムでは正確には伝わらなかったであろうビート的価値観を、日本の若者にも本格的に植えつけた書といえる。『深夜特急』を読んだ一九八〇年代後半の日本のバブルジェネレーションも、こぞってバックパックを背負い、世界へと旅立つようになった。

ジャズとポエトリーリーディング

ビートジェネレーションの必需品は、酒、マリファナ、そしてハードバップジャズである。ハードバップジャズとは、スウィングの後に登場したジャズの一形態であるビバップを母体に、一九五〇年代後半につくり上げられた新しいスタイルのジャズである。ビバップと同様、ミュージシャンが互いに火花を散らすようなアドリブ演奏を繰り広げるフリージャズで、今ではモダンジャズの代名詞といわれるスタイルだが、当時は非常に新鮮だったため、自由を求めるビートジェネレーションの感性にぴたりとはまった。

また、アレン・ギンズバーグの『吠える』など、ビートの詩人が書いた詩を朗読する会が端緒となり、ポエトリーリーディングが盛んにおこなわれるようになる。

マンハッタンのローワー・イースト・サイドにあるセント・マークス教会や、ニューヨリカン・ポエトリー・カフェなどを会場とし、プロ詩人のほか一般人も、社会や個人へ向けた自作の詩を朗読した。ポエトリーリーディングはアメリカ西部やヨーロッパにも広がり、初期のシンプルな朗読会から、やがて、演出を凝らした演劇に近い形態のものまでおこなわれるようになる。

ビートジェネレーションのスタイル

さて肝心のスタイルの話だが、ビートジェネレーションはファッションに対してあえて無関心・無頓着を装うことで、伝統的社会への軽蔑と離脱を表現していた。従って、彼らのスタイルを紹介するのはなかなか難しい仕事だ。

ビートの神であるジャック・ケルアックと親友のニール・キャサディは、何の変哲もないスウェットシャツやしわくちゃのワークシャツにチノパンやジーンズという、限りなくノーマルな服装を好んだ。彼らのそうしたスタイルが、初期ビートジェネレーションのお手本になったことは間違いない。『路上』の中には、ディーンが突然〝服の意味〟を問い、仲間たちが次々に服を脱ぎ捨て、全裸のまま車を走らせるシーンも出てくる。

男性は適当に伸ばしたごく普通の髪型、太めのデニムやチノパン、よれよれのセーターや着古したワークシャツ、それにスウェットシャツやシャンブレーシャツを着る者が多かった。こう書くと一定のスタイルがあるように感じるかもしれないが、つまりは現代でも服にこだわらないタイプのアメリカ人男性が、日常的に着ているような服である。

女性は、ナチュラルに伸ばした髪、黒いタートルネックセーターや黒いタイツという姿が主流だった。黒ずくめの女性のスタイルは、一九五四年に公開されたアメリカ映画『麗しのサブリナ』で主演したオードリー・ヘップバーンのファッションの影響が強い。

そして彼らは自由であることのひとつの表現として、屋外を裸足で歩くことを好み、サンダル履きの者が多かった。

ジャズミュージシャンからの影響

しかしビートジェネレーションの中にも、おしゃれにこだわる者はいた。彼らがまずお手本にしたのは、黒人のジャズミュージシャンだ。

ビートジェネレーションに支持されたビバップ～ハードバップ時代に登場し人気を博したのは、チャーリー・パーカーやセロニアス・モンク、ディジー・ガレスピー、マイルス・デイビスなど、のちにモダンジャズの巨星となるミュージシャンである。

セロニアス・モンクやディジー・ガレスピーは、その音楽性とともにファッションセンスが特に注目された。彼らは前時代のジャズメンの代名詞だったズートスーツではなく、細身で洗練されたダブルスーツを着て、ネクタイ代わりに首にスカーフを巻き、ヤギのようなあごヒゲを生やし、目立つサングラスをかけ、ベレー帽やソフトハットなどさまざまな帽子をかぶった。

彼らのようなスタイル、また彼らに憧れ、その服装を真似するビートジェネレーションは、ズーティーズ時代の一九四〇年代に生まれた〝感覚が鋭敏な人〟を指す言葉であるヒップスターあるいはバッパーとも呼ばれた。アレン・ギンズバーグの長編詩『吠える』の中にも、ヒップスターという言葉がたびたび登場する。

実存主義との共鳴

もうひとつ、彼らビートジェネレーションの思想とスタイルに強い影響を与えたものがある。フランスのパリで、サルトルを中心に起こっていた文学・哲学運動、実存主義である。実存主義とは、普遍的・必然的な本質存在に対し、個別的・偶然的な現実存在の優越を主張するもの。現実の世界で起こる出来事を一旦ありのまま受け入れ、それとのかかわりについて深く考察する実存主義の思想は、アメリカの現実社会と対峙して行動するビートと相通ずるものがあったのだ。

第二次世界大戦後、治安や政情が不安定だったパリで、職に就かず、人生に目的を持たず、その日暮らしをしながらカフェやナイトクラブにたむろする若者の多くは実存主義者であった。ベレー帽をかぶり、黒のタートルネックニットに黒のジャケットなど、全体的に黒っぽい服を着て、長髪にヤギのようなあごヒゲを生やすという、一九五〇年代末に大量発生した実存主義者たちのスタイルは、アメリカのビートジェネレーションの中にも見られるようになっていく。

また一九六〇年に公開されたフランスのヌーヴェルバーグ映画『勝手にしやがれ』で、ジャン=ポール・ベルモンド扮する主役のミシェルは、典型的な実存主義者の服装をしている。

イギリスに飛び火

イギリスでは、一九五〇年代後半に核軍縮キャンペーンCND(CAMPAIGN FOR NUCLEAR DISARMAMENT)がはじまった。一九五七年に設立されたCNDは、イギリス国内から声を上げて国際的な軍縮を目指そうと主張する団体。核兵器・生物兵器・化学兵器(ABCウェポン)の使用につながる軍事行動や、原子力発電所に反対する平和運動組織である。

CNDは一九五九年以降の毎年、三月から四月の復活祭の週末に、イギリス国防省の核兵器機関、原子兵器研究所があるオルダーマストンからロンドンのトラファルガー広場までデモ行進を組織。一九六〇年には学生を中心に一万人が参加する大規模なものとなった。

1960年のCNDデモ行進
(TopFoto/アフロ)

CNDの運動に参加したイギリスの若者は、思想はアメリカのビート、スタイルはフランスのヌーヴェルバーグ映画から強い影響を受けていた。彼らの服装は、男性も女性も紺か茶色のダッフルコートがマストアイテム。あるいはその代わりに、アノラックかドンキーコートを羽織った。ボトムスはコーデュロイのスラックス。それにポロシャツとVネックセーター、ダッフルバッグ、ハッシュパピーの靴や頑丈なブーツが定番スタイルだった。

髪型は同時期に発生したモッズスタイルと同様、前髪をおろすナチュラルヘアが基本。そして胸にはCNDのシンボルマークのピンバッジをつけた。アーティストのジェラルド・ホルトムによってデザインされたCNDのシンボルマークは、後年、ピースマークとして有名になり、平和運動の象徴として幅広く使われるようになっていく。

ビートの映画

今となってはなかなか実感が伴わないビートジェネレーションの熱気を身近に感じ、彼らのスタイルを知るためには、ビートをテーマに制作された映画を観るのが手っ取り早い。

一九七六年公開の『グリニッチ・ビレッジの青春』は、一九五三年のニューヨーク、グリニッチ・ビレッジを舞台に、演劇や芸術を志す若者たちの青春を描いたドラマである。タイミング的にはビート成立前夜にあたるが、やがてビートカルチャーを形成する当時の若者たちの空気が伝わってくる。

一九八五年にはジャック・ケルアックに焦点をあてた映画『ジャック・ケルアック／キング・オブ・ザ・ビート』が公開された。ジャック・ケルアックの生涯をドラマ仕立てにしたパートと本人映像、さらにアレン・ギンズバーグやウィリアム・バロウズなどの証言によるドキュメンタリーパートで構成された作品である。

ウィリアム・バロウズの小説『裸のランチ』も一九九一年に映画化されている。しかし何しろ、書いた文章を一度バラバラに切り刻み、無作為に再構成するカットアップという手法を使った難解小説が原作。監督のデヴィッド・クローネンバーグは小説をそのまま映像化するのではなく、バロウズの人生をなぞりながら、できる限り分かりやすく映像化している。

一九九九年には、ドキュメンタリー映画『ビートニク』が公開された。アレン・ギンズバーグ、ジャック・ケルアック、ウィリアム・バロウズの三人を中心に、ジョニー・デップ、デニス・ホッパー、ジョン・タートゥーロ、ボブ・ディランなどが出演。映像資料とインタビュー、多彩な音楽で、ビートが今日のポップカルチャーに与えた影響を描き出している。

二〇〇〇年にはバロウズとその妻ジョーン・ヴォルマーとの関係を軸に、ビートの中心人物の複雑な人間関係を描いた映画『バロウズの妻』が公開されている。ジョーン・ヴォルマーを演じたのは、カート・コバーンの妻である女優、コートニー・ラブだ。

また、二〇一二年にはジャック・ケルアックの書いたビート文学の代表作『路上』を映画化した『オン・ザ・ロード』が、翌二〇一三年にはコロンビア大学の学生時代のアレン・ギンズバーグを主人公に、ウィリアム・バロウズ、ジャック・ケルアックらとの交流を描いた青春映画『キル・ユア・ダーリン』が公開されている。

PART
12

世界中を巻き込んだ
20 世紀最大のユースカルチャー

HIPPIES

ヒッピー

年代 ／1960〜1970年代
発祥 ／アメリカ〈カリフォルニア〉
系統 ／ドレスダウン系　音楽系

中心メンバーの属性
階級 ／ミドルクラス
人種 ／白人
信条 ／左派　反体制

HIPPIES

ビートからヒッピーへ

アメリカ西海岸では一九六〇年代の中頃、東海岸からはじまったビート思想の洗礼を受け、フランスの実存主義とイギリスの反核運動にも刺激を受けたビートジェネレーションが、ヒッピーへと発展していく。

ヒッピーとは、HAPPY（幸福）、HIPPED（熱中）、HIP（先端的）、HIPSTER（感覚が鋭敏な人）などの言葉が入り交じった造語。サンフランシスコのヘイト・アシュベリー地区、あるいはロサンゼルス郊外のローレル・キャニオンなどで共同生活をはじめた、美術系の学生たちから広まったカルチャーである。

長く続いていた経済成長に陰りが見えはじめていた当時のアメリカは、長期化・泥沼化し枯葉剤が大量散布されていたベトナム戦争の惨状、資本主義と社会主義の対立からキューバ危機まで発展した東西冷戦の深刻化、世直しへの期待が託されていたリベラル派の若き大統領ジョン・F・ケネディの暗殺、がんをはじめとする病気の原因となる化学薬品DDTを使った殺虫剤の問題、自動車排気ガスや工業廃棄物などによる環境破壊問題などが重なり、若者の間ではますます厭世的な気分が広がっていた。

急激に反体制へと傾いた若者は、会社や大学を次々とドロップアウトしてヒッピーとなり、反戦・反核運動と、マーティン・ルーサー・キング牧師やマルコムXを中心にして巻き起こっていた人種差別反対(公民権)運動を支援し、盛り上げていくことになる。

同時期のフランスではやがて五月革命に至る学生運動がはじまっていたし、日本でも安保闘争から発展した全共闘運動が起こっていて、世界的規模で若者が立ち上がった時代でもあった。ここをターニングポイントとし、若者文化はカウンターカルチャー(対抗文化)とも呼ばれるようになる。

ヒッピーは、伝統や制度など社会の既成価値に縛られた生活を否定することを最大の信条とした。そして、文明が発達する以前の自然へ回帰し、半野宿で自給自足をする野性的な生活をも提唱するようになる。人間の本来あるべき姿として、自然、愛、平和、自由、音楽、そしてセックスを愛していると主張したヒッピーは、アメリカ全土に理想的な暮らしをするための共同体基地——コミューンをつくり上げていく。そんな彼らは、みずからの理想を端的に表す、〝ラブ&ピース〟という標語を見つける。

ヒッピーのスタイル

ヒッピースタイルにはさまざまな特徴があるが、まず目につくのはその髪型である。男女ともに無造作に伸ばした超ロングヘアを好んだ。これは、髪を切ることは自然の摂理に反すると考えたナチュラル志向の表現である。同じ考えから、男性は必ずといっていいほどヒゲを伸ばしていた。また長い髪をまとめるためのヘアバンドは、男女ともに必須のアイテムだった。

先行の若者カルチャーであるアイビーやモッズは、おしゃれにさまざまなルールを定め、それに従うことを楽しんだのに対し、ヒッピーは服装でも自由を表現しようとした。つまり、これといったルールはなく、自分が着たいものを自由に着るのがヒッピースタイルである。

とはいえ、ヒッピーはいくつもの流行を生んでいる。初期はヘンリーネックや丸首のTシャツ、チューリップハットかヘアバンド、素足にサンダル、そしてジーンズが基本だった。

Tシャツは、ヒッピーたちが自分のセンスを示すためのキャンバスとして機能し、カラフルなタイダイ染めやペイズリーなどのサイケデリック柄から、政治スローガンを書いたメッセージものまで、幅広いバリエーションのものが着られた。ジーンズは、みずからがビートジェネレーションであり、ギターと歌でプロテストフォークを奏でていたボブ・ディランに代表されるフォークシンガーが好んで着用したことから、ヒッピースタイルには欠かせないアイテムとなっていた。特に裾が大きく広がったベルボトムのジーンズの人気が高かった。

ナチュラル志向の表現としてパッチワークも流行した。物を大切にし、古くなった服もつぎはぎしながら着るという姿勢を意味するものだった。そして、ナチュラル志向の究極的な表現は裸になることだった。裸の体を彩るためのボディペインティングも、ヒッピーが生み出した文化である。

一九六〇年代半ばからは、ヒッピーの間でフォークロアやエスニックと呼ばれるスタイルが流行する。インドやアフリカ、東欧、中近東系などの民族衣装の特徴を用いたファッションのことだ。これは、先進国の汚れた物質文明を否定し、東洋的な精神主義を評価しようという意識から結びつけられたものと考えられる。

戦争につながる暴力性をとことん嫌ったヒッピーは、男性も女性も花柄やカラフルな服、きらびやかなアクセサリーを身にまとうことで、平和をアピールした。華やかなスウィンギングロンドンの流行とも共鳴した彼らは、花で装飾した服や花柄の服を着て、街ゆく人々に花を配って回った。ヒッピーの一形態である彼らはフラワーチルドレンと呼ばれ、やがてその言葉はヒッピー全体を指す代名詞にもなっていく。

ヒッピー時代の頂点

ヒッピーの本拠地であるサンフランシスコのヘイト・アシュベリー地区周辺は、ピーク時には約十万人のヒッピーが集まり、原始共産制への回帰を目指したコミューンをつくって暮らしていたという。こうした行動はフリークアウトと呼ばれていた。ほかにも膨大な数のヒッピーが、ニューヨーク、ロサンゼルス、バークレー、ワシントン、パリ、ロンドン、ローマ、東京など世界中の都市を埋め尽くしていた。世界的にヒッピー現象が最高潮に達していた一九六七年の夏は、サマー・オブ・ラブという名で後世に記憶されることになる。

一九六八年には、編集者のスチュアート・ブランドによって、野外生活や自然科学の知識から精神世界まで、膨大な情報を紹介するヒッピー向けの雑誌『ホール・アース・カタログ』が発刊される。誌面にはヒッピーのコミューンを支えるためのさまざまな道具や書籍、情報などが紹介され、ひとつひとつのアイテムには詳細なコメントとイラストがつけられていた。

その後の世界の出版物にも大きな影響を与えたこの雑誌は、一九七四年、裏表紙に〝STAY HUNGRY. STAY FOOLISH.＝ハングリーであれ。愚か者であれ〟というメッセージを掲げて廃刊したが、アップルのスティーブ・ジョブズは二〇〇五年、招かれたスタンフォード大学の卒業式の式辞で、卒業生にこの言葉を贈っている。

日本のヒッピー

本場アメリカの動きと連動し、日本でもほぼリアルタイムでヒッピーが大量発生している。長髪にラッパズボンを穿き、あえて定職に就かずブラブラしていた日本版のヒッピー。当事者たちが納得していたかどうかはわからないが、メディアはやがて彼らに、日本独自のものである〝フーテン族〟という呼び名を与えた。フーテンとは瘋癲、精神状態が普通ではない人や、定職に就かずにブラブラしている人を指す言葉である。

彼らフーテン族は一九六七年夏頃から、東京の新宿駅東口に集まりはじめる。駅周辺の路上や、〝グリーンハウス〟と呼んだ芝生や植え込みの中で寝泊りし、当時の日本では手に入れにくかったドラッグの代わりに、シンナーや睡眠薬遊びに興じた。昼間から酩酊状態でフラフラする彼らは、あっという間に世間の良識ある大人から白眼視されるようになる。

東京の国分寺では、ほら貝という日本初のロック喫茶を拠点として、コミューンが形成された。一九六八年にオープンしたほら貝は、有機栽培の素材を使った自然食料理を提供していた。現在ではオーガニックという言葉で当たり前のものになっているが、当時は先駆的すぎて、一般の人はその真意をほとんど理解できなかったという。

自然回帰を求めた日本のヒッピーはやがて都市を離れ、鹿児島県の屋久島やトカラ列島の諏訪之瀬島、長野県の富士見高原や大鹿村などで土地を開墾し、共同生活をはじめる。彼らは日々、畑を耕し、魚釣りや瞑想をしながら、自給自足に近い暮らしをするようになった。

そんな日本のヒッピーはみずからを〝部族〟と呼び、国分寺コミューンは「エメラルド色のそよ風族」、富士見高原コミューンは「雷赤鴉族（かみなりあかがらすぞく）」、諏訪之瀬島コミューンは「がじゅまるの夢族（バンヤンアシュラムと呼ばれた時期もあった）」を名乗った。

一九六八年には、国分寺のエメラルド色のそよ風族が警察からの家宅捜査を受け、大麻取締法違反で五名が逮捕されている。これが、日本初の大麻摘発事件である。

ウッドストック

一九六九年八月にはニューヨーク郊外で、合言葉にラブ&ピースを掲げた伝説的な野外コンサート、ウッドストックフェスティバルが開催され、四十万人以上の観客が集結した。

ザ・ビートルズやザ・ドアーズ、ボブ・ディランなど、世代を代表するビッグネームは出演を辞退したものの、三日間通しておこなわれたこのフェスティバルは、インドの聖者による祈祷ではじまり、グレイトフル・デッド、ジェファーソン・エアプレイン、ジミ・ヘンドリックス、ジャニス・ジョプリン、サンタナ、スライ・アンド・ザ・ファミリー・ストーン、ザ・フー、ジョー・コッカー、ザ・バンドなど、ヒッピー世代を引っ張る錚々たるメンツが出演した。チケットの配送が間に合わず、ほとんどフリーコンサート状態になってしまったことや、三日目には大雨にたたられ、会場が泥沼のようになるというハプニングに見舞われたものの、平和と愛を祝うために集った四十万人超のヒッピーが、マリファナの匂いに包まれながら、幸せな時間を共有したという。ヒッピーたちは、間もなく理想の世界が実現すると信じていたことだろう。

1969年のウッドストックフェスティバル
(Paolo Turini/FLICKR)

ヒッピーの終焉

しかし一九七〇年代に入るやいなや、ヒッピー文化は急速にしぼんでいく。背景にはさまざまな要因があるが、最大の問題は一部のヒッピーがカルト集団化し、あまりにも過激な運動を繰り広げてしまったことにある。

特に極端な事件が、ウッドストックフェスティバルの約一週間前である一九六九年八月九日に起きている。『戦場のピアニスト』で有名なロマン・ポランスキー監督の妻で女優のシャロン・テートが殺害されたのである。犯人は、ロサンゼルスでヒッピー思想を過激化させた狂信的カルト指導者、チャールズ・マンソンの一味である。シャロンの前にその家に住んでいたミュージシャンが、一九六七年に『LIE』というアルバムを自主制作していたマンソンをメジャーデビューさせなかったことに対して恨んだ人違い殺人であった。殺害された当時、シャロンが妊娠していたこともあって、世間からは大きな同情の声が集まった。

シャロン・テートとロマン・ポランスキー
(Classic Film/FLICKR)

ビートの神であるジャック・ケルアックは、作家としての著しい成功によって生活が大きく乱れ、一九六〇年代後半には重度のアルコール依存症を患っていた。表舞台から遠ざかり、酒をあおりながら反戦運動で盛り上がるヒッピーに悪態をつく孤独な日々を送った末、一九六九年一〇月に四七歳で急逝してしまう。

翌一九七〇年には、ウッドストックの舞台を盛り上げたミュージシャンが相次いでこの世を去る。九月にはジミ・ヘンドリックスが、一〇月にはジャニス・ジョプリンが、いずれもドラッグの過剰摂取で死亡してしまったのだ。一九七一年七月にはザ・ドアーズのジム・モリスンもやはりドラッグの過剰摂取で死亡している。

こうしたカリスマの相次ぐ非業の死も、ヒッピーたちの心に冷水を浴びせたことは間違いない。

ニューエイジ

結局、自分たちの活動ではベトナム戦争を止められそうもなく、理想の社会の実現はほど遠いと悟ったヒッピーたちは、急激に情熱を冷まし、一人また一人と長い髪を切っては、社会の一員へと戻っていったのだった。

しかし、それでもこのカルチャーから抜けられなかった者は、ヒッピーが持っていた東洋的な瞑想による精神拡大などの要素を際立たせ、やがてニューエイジと呼ばれる流れをつくっていく。ニューエイジはその思想もスタイルも非常に多様であったため、一九七六年にフォークシンガーのジョン・デンバーが米コロラド州につくったニューエイジ・コミューンなどの例外を除き、ヒッピーのような集団をつくることはなかった。世界中に分散された非組織的な人々が、共通の理想という概念を通じて、ゆるやかなネットワークでつながっていたのだ。

物質文明に見切りをつけ、霊的・精神的な文明へ転換することを目指し、環境を最重視した理想社会の実現を訴えるニューエイジ思想は、一九八〇年代には注目されることが増え、日本を含む世界各国で新宗教を生んだり、スピリチュアルブームを巻き起こしたりするようになっていく。現在でも信奉者の多いヨガや瞑想、パワースポット、パワーストーン、チャクラ、ヒーリング、アーユルヴェーダ、ホリスティック医学及びホメオパシー、ピラミッド信奉、チャネリング、引き寄せの法則などの考え方はすべて、ニューエイジ思想を由来としている。

また、日本のフジロックフェスティバルをはじめ、現在も世界各国で盛んに開催される野外ロックフェスティバルの一部の側面や、一九八六年からアメリカ北西部の砂漠で年に一度、一週間にわたっておこなわれている大規模イベント、バーニングマンなどは、現在でもヒッピー及びニューエイジの影響を色濃く残している。

PART 13

大衆の理想像を具現化した
ロックスタースタイル

GLAM

グラム

年代／1970年代
発祥／イギリス〈ロンドン〉
系統／ドレスアップ系　音楽系

中心メンバーの属性
階級／ミドルクラス
人種／白人
信条／ノンポリ

Glam

ヒッピーにうんざり

一九七〇年代初頭のグラム勃興の要因は、それに先立つ一九六〇年代後半に世界を席巻したヒッピームーブメントの反動であるという説がある。

ヒッピーたちは極端な自然回帰意識を持ち、ナチュラル志向こそが腐敗した現代社会を救う崇高な思想であるという主張を声高に訴えた。その押しつけがましさに辟易した若者が、今度はまったく逆の、人工的な文化を求めはじめたというのである。ただし、グラムの過剰なまでのケバケバしいファッションは、明らかにスウィンギングロンドンとサイケデリック、フラワーチルドレンの系譜を引き継いでいるとも考えられるのが皮肉だ。

アメリカのアポロに乗った宇宙飛行士が月面を探査していた時代でもあり、ヒッピーたちの叫びとは裏腹に、現実社会では科学礼賛の流れが確実に進行していた。

ヒッピーへの反動であるという説を裏づけるもうひとつの証左は、グラムロックの始祖ともされる一人のミュージシャンの動向である。

マーク・ボランの宗旨替え

モッズ時代を経てヒッピーになっていたマーク・フェルドは、一九六五年にマーク・ボーランドという名義でシングルデビュー。一九六八年にはステージネームをマーク・ボランに変え、ティラノザウルス・レックスという六人組のロックバンドを組むがうまくいかず、すぐに路線変更し、二人組のアシッドフォークユニットという形でアルバムデビューを果たす。

インド製の敷物の上にあぐらをかき、安物のアコースティックギターを狂ったようにかき鳴らすマーク・ボランの幻想的なサウンドは、一部のヒッピーたちにただちに受け入れられた。ティラノザウルス・レックスはカルト的な人気を博し、一九七〇年までに立てつづけに四枚のアルバムを発表する。

マーク・ボラン

しかしこの頃の一般聴衆は、愛と平和を歌うヒッピー的なフォークにすっかり飽きていて、興味は新しいサウンドであるハードロックに移りつつあった。バンドのアメリカ進出失敗から、そうした情勢を察したマーク・ボランは、一九七〇年一二月、突如バンド名をT.レックスと改称し、アコースティックギターをエレキギターに持ち替え、ロックサウンドのアルバム『T.REX』を発表する。

変わったのはバンド名や楽器、ブギのリズムを多用し、スリーコードで押しまくるサウンド面だけではなく、マーク・ボランはヒッピーとの決別の意味を込めて、みずからのルックスまでも大きく改造した。

ヒッピー風のエスニックな衣装を脱ぎ捨て、ピンク色のサテン地にスパンコール、羽根のボアなどをちりばめた毒々しいほどに派手なジャケットや、脚にぴったりフィットしつつ裾がラッパ状に広がったフレアパンツに身を包み、足元にはヒールが20センチもあるロンドンブーツを履いたのだ。髪型はきついパーマをかけたカーリーヘア、まぶたには濃いアイシャドウ、目の下にはキラキラのラメまで入れられていた。

そうしたいでたちでキメたマーク・ボランが、一九七一年三月、当時の人気音楽番組『トップ・オブ・ザ・ポップス』に登場すると、イギリス中の多くの若者たちは強い衝撃を受けた。

スウィートやモット・ザ・フープルなど、後に同ジャンルにくくられるいくつかのバンドは先行して活動していたものの、宗旨替えしたカリスマ、マーク・ボランがブラウン管に登場したこの瞬間こそが、グラム時代の幕開けといっても差し支えないだろう。

T.レックスの成功

アルバム『T.REX』に先行してリリースされたシングル曲『ライド・ア・ホワイト・スワン』、そして一九七一年二月に発売されたセカンドシングル『ホット・ラヴ』はスマッシュヒットとなり、マーク・ボランはヒッピーのカルトスターから、一気に全国区のグラムロックスターへと駆け上がった。一九七一年九月に発表したアルバム『エレクトリック・ウォリアー（邦題：電気の武者）』は全英チャート一位を獲得、『ゲット・イット・オン』、『ジープスター』といったシングル曲も大ヒットし、勃興したての音楽ジャンルにもかかわらず、グラムロックは瞬く間に若者を虜にしていく。

T.レックスは、ザ・ビートルズの解散以降、新しいスターの出現を待ちわびていた聴衆とメディアによって〝第二のビートルズ〟と持ち上げられ、一九七二年の『ザ・スライダー』、一九七三年の『タンクス』と、次々にヒットアルバムを出していく。

こうした情勢が、また次のカリスマを生み出すことになるのだ。

ジギー・スターダスト

一九七二年のロンドンに、年齢・性別不詳、さらには地球人なのかどうかさえも怪しいミュージシャンが降臨する。デヴィッド・ボウイである。

みずからをジギー・スターダストという架空の人物に見立て、アルバム『ジギー・スターダスト』（原題は『THE RISE AND FALL OF ZIGGY STARDUST AND THE SPIDERS FROM MARS』）を発表したボウイの姿は、まさに異形そのものだった。短く刈った前髪は立たせ、衿足を長く伸ばし、赤く染め上げた頭髪。眉毛は剃られ、頬には赤いチークが塗られ、カラーコンタクトが入れられた眼は青白く怪しく光っていた。大きな肩パッドがついたストライプ柄のつなぎのスーツは、日本の歌舞伎役者を彷彿させる東洋的な妖しさをも漂わせていた。

過剰にプロデュースされたアヴァンギャルドなルックスのデヴィッド・ボウイは、本当にどこかの天体から突然やってきた異星人のような趣だったのだ。

デヴィッド・ボウイの美学

1970年代のデヴィッド・ボウイ
（TopFoto/アフロ）

だが、『ジギー・スターダスト』はボウイのデビュー作ではない。一九六四年、モッズルックで固めた一七歳の彼は、デイヴィー・ジョーンズという芸名でデビュー。以来、鳴かず飛ばずのシンガーソングライターとして活動していたが、一九六九年、前年に公開された映画『2001年宇宙の旅』をモチーフにした会心のセカンドアルバム『スペイス・オディティ』を発表する。物語的な歌詞と、浮遊感と緊張感が漂うサウンドの同作は、全英チャート五位、全米チャート一五位まで上がり、ボウイは人気ミュージシャンの仲間入りを果たす。この時点では、アルバムのコンセプトに合わせたSFルックのステージ衣装などは見られたものの、ボウイのルックスはまだ、グラムの垣根を越えてはいなかった。

このときの経験で手ごたえを感じたボウイが一九七一年に発表したアルバム『世界を売った男』(原題は『THE MAN WHO SOLD THE WORLD』)と『ハンキー・ドリー』は、サウンドにもファッションにも、中性的で異星人的な独特の美学が色濃くなり、ついに一九七二年の一大コンセプトアルバム『ジギー・スターダスト』が生み出されるのである。

ジギー・スターダスト＝デヴィッド・ボウイのルックスは、当時の若い女性のハートを鷲づかみにし、アイドル的な人気が爆発した。天性の両性具有的な魅力を最大限に活かすため、練りに練った緻密な計画が大当たりしたのだ。

実際のところデヴィッド・ボウイは当時すでに妻も子もいたし、生涯で二度、美女と結婚しているが、その上でもセクシャリティは最後まで謎に包まれていた。インタビューによって、自分はゲイであるといったりバイセクシャルであるといったり、そうした過去の発言を後悔しているといったり、やっぱり認めたり……。最初の妻のアンジーも、彼のバイセクシャル的指向を匂わせたり、一笑に付したりしている。いずれにしても、バイセクシャル的でミステリアスなノリが、彼にとっては重要なセールスポイントだったということだけは確かだ。

T.レックスとデヴィッド・ボウイによって確立されたグラムロックというジャンルでは、ブライアン・フェリー率いるロキシー・ミュージックや、デヴィッド・ボウイもファンだったというモット・ザ・フープル、さらにスウィートやスレイドなども人気バンドとなり、全世界に鳴り響く大きなシーンを形づくる。

グラムスタイル

あえてメーターを振り切ったように悪趣味的なグラムロッカーのスタイルは、装飾過剰でとても一般人が街で着られるものではないように思えた。実際、最初はロックスターのステージ衣装にすぎないと考えられていたようだ。

ところが、ジギー・スターダストが降臨した一九七二年から一九七三年頃には、デヴィッド・ボウイの衣装を完全コピーしたような服装の若者たちが、ロンドンをはじめとするイギリスの都市に現れ、闊歩するようになるのである。ギラギラと光る未来的な服を着て、分厚いロンドンブーツを履いた彼らはボウイ・キッズと呼ばれるようになる。数年前まで、スウィンギングロンドンの流行を、眉をひそめて眺めていた良識ある大人たちは、さらにその上をいくようにケバケバしく、男だか女だかわからないようなボウイ・キッズの登場に度肝を抜かれた。

ロックスターのいでたちに触発された若者が、ストリートスタイルとしてのグラムをつくるために頼ったのは、ロンドンの先行カルチャーであるスウィンギングロンドンの店であった。

特に大きな役割を果たしたのは、キングスロードにあったミスター・フリーダムという店である。ミスター・フリーダムは、一九六〇年代に全盛期を迎えていたポップアート的なファッションアイテムを販売し、オープンした一九六九年当初は、終焉間際のスウィンギングロンドンカルチャーの一翼を担う店だった。安っぽくてケバケバしく、実験的な要素に満ちた洋服で埋め尽くされていたこの店は、マーク・ボランやデヴィッド・ボウイのスタイルをマネしたいと考えていた若者に発見され、グラムファッションの拠点へと化していく。

また一九六四年からアビンドンロードで営業し、スウィンギングロンドンを盛り上げたビバも、一九七〇年代にはグラムキッズ御用達になっていたという。

グラムの影響

ミスター・フリーダムは一九七一年、パラダイス・ガレージという名に変わり、よりグラム色の強い服を売るようになったが、経営者の怠慢から店は長く続かず、同年一一月、マルコム・マクラーレンに経営権を売り渡す。マルコムは店をレット・イット・ロックという名に改め、テディボーイズ調のファッションや、デザインをはじめたばかりのパートナー、ヴィヴィアン・ウエストウッドがつくる、切り刻んだTシャツなどの服を売る店へと変えていく。そこはやがてパンクスタイルの発信地となるのだが、それはまた後年の話だ。

グラムスターそのままのコピーではないにしても、一九七〇年代前半の若者のスタイルによく見られるフレアパンツや、衿幅が極端に広いジャケット、衿足の長い散切りヘアなどはグラムからの影響である。

グラムスタイルは時代のあだ花のように、短期間で消えたかに見えるが、後のヘヴィメタル（パート21〈メタルヘッズ〉参照）、あるいはパンク時代の後に花開いたニューロマンティクス（パート19参照）やゴス（パート20参照）のスタイルに大きな影響を与えている。

また、先鋭的なロックスターの影響によって、若者のトレンドが形づくられていくというスタイルは、グラムによって先鞭をつけられたといえるだろう。

グラムを知る映画

一九九八年に公開されたイギリス映画『ベルベット・ゴールドマイン』は、一九七〇年代のグラムロックシーンを回顧して進む物語である。タイトルもデヴィッド・ボウイの同名曲から拝借しているし、ジョナサン・リース＝マイヤーズやユアン・マクレガーらが扮する登場人物は、明らかにボウイをはじめとする実在のロックスター像を投影している。当時のグラムロック界の雰囲気が如実に伝わってくる映画なのだが、セクシャルな面を赤裸々に描きすぎたためか、ボウイはこの映画への協力を拒否し、劇中で彼の楽曲はいっさい使われていない。

デヴィッド・ボウイ本人は、ミュージシャンとしての成功後に俳優としての才能も開花させ、数々の映画に出演している。ロンドンのハマースミス・オデオン（現ハマースミス・アポロ）劇場でおこなわれたライブの模様を完全収録した一九七三年制作のドキュメンタリー『ジギー・スターダスト』と並び、ジギー・スターダストの世界観をそのまま物語化したような初主演作、一九七六年のＳＦ映画『地球に落ちて来た男』は、グラムカルチャーを知るためにはぜひ観ておきたい映画だ。

また、一九七五年にイギリスで公開された『ロッキー・ホラー・ショー』は、その二年前から上演されていた同名ミュージカルを映像化した、ホラーとコメディをかけ合わせたような内容の映画。グラムロックの世界を意識し、頭が痛くなるほどにケバケバしく、毒々しく、そして馬鹿馬鹿しい世界が展開されていて、名だたるカルト映画として現在でも世界中に多くのファンがいる。

PART
14

ダンスホールで爆発した
ノーザンソウルスタイル

SOUL BOYS

ソウルボーイズ

年代 ／1970年代
発祥 ／イギリス〈マンチェスター〉
系統 ／ドレスダウン系　音楽系　ダンス系

中心メンバーの属性
階級 ／ワーキングクラス
人種 ／白人　黒人
信条 ／ノンポリ

Soulboys

ソウルミュージックの再評価

一九六〇年代中頃までイギリス中の若者を虜にしていたモッズスタイルは、分裂して片やスウィンギングロンドンへ、片やスキンヘッズへと流れ、一九六〇年代後半になると、純粋なモッズをイギリスの街で見かけることは、ほとんどなくなっていた。

かつてのモッズは、アメリカのモータウンレーベルのハイテンポなソウルミュージックに夢中になっていたが、モッズの衰退とともに、イギリス国内ではソウルミュージックの人気も下火になっていた。

その流れに抗い、一九六〇年代末、マンチェスターを中心に、シェフィールド、ウィガン、ブラックプールといったイングランド北部の街に住む一部の音楽好きな若者は、モッズが夢中になったアメリカのソウルをもう一度見直そうと考えた。その動きに注目した『ブルース＆ソウル』誌の記者、デイヴ・ゴーディンによって一九七〇年に命名されたのが、ノーザンソウルというムーブメントである。

ソウルボーイズの誕生

ノーザンソウルカルチャーの震源地は、マンチェスターにあったクラブ、ツイステッド・ウィール・クラブである。この店では一九六三年の後半から、ロジャー・イーグルというＤＪが、自力で発掘したマイナーなソウルを、ひたすらプレイしつづけていた。これが徐々に注目されるようになり、ノーザンソウルカルチャーが芽生えていったと考えられている。

一九六〇年代後半になるとツイステッド・ウィール・クラブには、評判を聞いたソウルファンがイギリス各地から集うようになり、毎週末にはオールナイトイベントがおこなわれ、芽生えはじめたばかりのこのカルチャーを盛り上げた。マイナーなソウルを愛好する若者は、やがてソウルボーイズと呼ばれるようになる。

ソウルボーイズの世界で何より尊ばれたのは、有名なアーティストのメジャーな曲ではなく、人にあまり知られていないアンダーグラウンドなアーティストによる曲だった。クラブに集まったソウルボーイズは、モッズの必需品でもあるドラッグのパープルハートでエクスタシーを感じながら、マイナーなソウルナンバーに合わせ、アクロバティックなステップで何時間も踊り狂うようになった。

ウィガンのダンスホール、カッシーノ・クラブのポスター

一九七〇年代の前半には、グレーター・マンチェスター西部の街ウィガンのカッシーノ・クラブや、ランカシャー西部の街ブラックプールのメッカ・ダンシング、イングランド北部の街シェフィールドのサマンサなど、ノーザンソウルのパーティが開かれるダンスホールも生まれ、シーンはますます盛り上がりを見せていく。

ソウルボーイズのライフスタイル

ソウルボーイズの多くは、マンチェスターの工業地帯で働くワーキングクラスの若者だった。彼らは終業後、あるいは休日になると中古レコード店を巡り、血眼になってレアなソウルのレコードを探し求めた。特に、仲間の誰も持っていないモータウン設立以前のレアなシングル盤を発見してコレクションに加えることを、最上の喜びとした。後の一九八〇年代、ヒップホップアーティストたちがサンプリングに使用するため、入手困難な珍しいレコードの発掘にいそしんだ〝レアグルーヴ〟の感性を、この頃のソウルボーイズたちは既に持っていたのである。

週末、ソウル専門のクラブやダンスホールに集う彼らの多くは、サッカーTシャツやタンクトップにダボダボのパンツ、それに白いソックスと先のとがったレザーシューズを合わせるスタイルでキメていた。一九五〇年代調の総柄シャツやボウリングシャツ、ルードボーイズ風のラップアラウンドサングラスも人気のアイテムだった。さらに安っぽいプラスチック製のベルト、ビニール製のジェリーシューズも一時的に流行した。
中でも、ウエスト下から極端にフレアになったバギーパンツは、ソウルボーイズの必須アイテムとなった。爆音のソウルミュージックに合わせ、素早いステップやバク転、ハイキックなどのアクロバティックなダンスを披露することがクールとされたため、動きやすいルーズな服装にする必要があったのだ。ホールの床には、ステップやスピンの動きをよくするため、パウダーが撒かれていたという。

バギーパンツ

ソウルボーイズのバギーパンツはくるぶし丈で、その下に履いている白いソックスがよく目立った。これは華麗なステップを強調するために考え出された、彼らの演出的なスタイルである。バギーパンツの裾幅は、標準でも24インチから30インチ、中には50インチもあるものを穿くつわものも現れる。こうした極端に幅広のバギーパンツは、もちろん既製品では手に入らなかった。そのためソウルボーイズは、仕立屋に自分好みの服を発注してつくらせていたのだ。

他人とは違うユニークな服装をすることもソウルボーイズの誇りであったため、最初は黒が多かったバギーパンツも、チェック柄やブルーデニム、コーデュロイ素材を使ったものなど、バリエーションが広がっていく。

一九七〇年代半ばにはこうした非常にユニークなカルチャーが成立していたにもかかわらず、ノーザンソウルシーンはイギリス国内、それも一部の間での盛り上がりにとどまっていた。メジャーなメディアはノーザンソウルよりも、同じモッズの末裔で目立つ悪行を繰り返していたスキンヘッズの残党や、レフトオーバーヒッピー（ヒッピーの生き残り）、そして新興のグラムカルチャーに関心を寄せていたのだ。

国外のメディアに至っては、リアルタイムでノーザンソウルシーンを扱うものはほとんどなかったようだ。こうしてノーザンソウルシーン及びソウルボーイズは、一九七四年から一九七六年にひっそりと最盛期を迎え、やがてペリーボーイズへと変質していく。

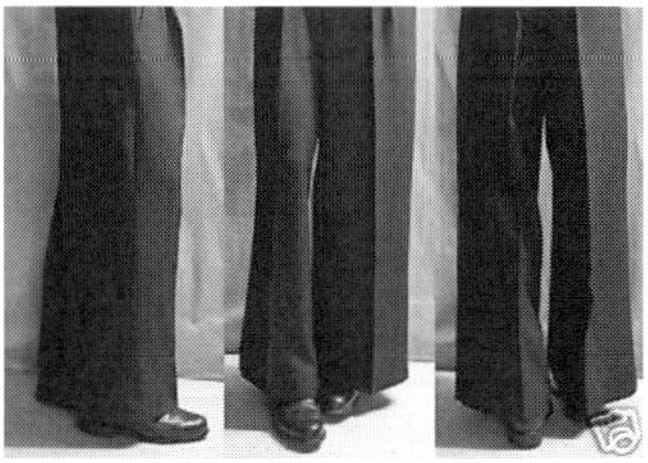

ノーザンソウルスタイルのバギーパンツ

PART
15

サッカースタジアムに集結した
アップデート版モッズ

PERRY BOYS

ペリーボーイズ

年代／1970年代
発祥／イギリス〈マンチェスター〉
系統／ドレスダウン系　スポーツ系

中心メンバーの属性
階級／ワーキングクラス
人種／白人
信条／右派

perry boys

ソウルボーイズの変質

一九七〇年代後半になると、イングランド北部のソウルボーイズが好む音楽の幅は広がりを見せる。引きつづきソウルは支持されていたが、デヴィッド・ボウイ、そしてロキシー・ミュージックのブライアン・フェリーが、二大人気アーティストとなり、ディスコ、ネオサイケデリック、ポストパンクなどの音楽も好まれた。

特定のジャンルにこだわらず、幅広い曲を楽しむようになった彼らは、偏執的にマイナーなソウルを愛したソウルボーイズではなく、ペリーボーイズと呼ばれることが多くなった。

モッズを源流としながら、ダンスカルチャーであるソウルボーイズの流れを汲み、スキンヘッズからの影響も強かったペリーボーイズは、ワードローブの大部分をスポーツウェアで揃えていた。最重要ブランドは、ローギアとスキンズをはじめとする、多くのモッズ派閥が共通して愛したフレッドペリーだった。

加えて、当時まだ新興ブランドだった正統派ブリティッシュテイストのピーターワースやガビッチ、イタリアのスポーツブランドであるフィラやセルジオタッキーニ、アメ

1980年、ウィンブルドンで優勝したビョルン・ボルグ
(Shutterstock/アフロ)

リカのブランド、ファーラーの麻製パンツなどのアイテムも好まれた。特に、フィラのボルグジャージ（テニスプレーヤーのビョルン・ボルグが着ていたジャージ）は非常に人気があったという。ちなみに、あれほど人気のあったバギーパンツは、ペリーボーイズの時代には廃れている。

ペリーボーイズはまた、ラグランスリーブシャツやハリントンジャケット、レプリカ・サッカーウェアなどのアイテムもお気に入りだった。パンツは、リーバイス501またはスタプレス、リーのコーデュロイパンツ、そしてスペインのロイスジーンズを好んで穿いた。靴はアディダスが定番だったが、クラークスのデザートブーツや、ハッシュパピーのデッキシューズ、ラコステやクロコダイルのスニーカーなどを履く者もいた。

髪は短く刈り込んで横分けにする者が多く、特にサイドと後ろを短く刈り上げるスタイルを好んだ。前髪を片目にかかるくらい長く伸ばしてサイドに下ろし、耳のラインで切り揃えるウェッジヘアも人気だった。

オリジナルモッズは先進性を重んじたはずなのに、その後のモッズが過去にこだわる模倣集団になったことをペリーボーイズは批判し、自分たちこそが新しさを求める真のモダニズム継承者＝リアルモッズであるという誇りを持っていた。彼らがつくり出したスポーツウェアスタイルは、まさにアンチファッションとしてのストリートスタイルだったのだ。

サッカーとの関係

ペリーボーイズのライフスタイルを語るうえで、忘れてはならないのがサッカーだ。ワーキングクラスが中心だったマンチェスターのペリーボーイズは、スキンヘッズと同様、サッカーを熱烈に愛していた。特に地元のサッカーチームである、マンチェスター・ユナイテッドを熱狂的にサポートし、暴力的なフーリガン行為に走った。チームの遠征を追いかけてヨーロッパ大陸に渡った彼らは、各国の高級ブティックやジュエリー店で万引きを繰り返すようにもなる。

彼らは、スカリーズと呼ばれた、リバプールのサッカーサポーター集団とライバル関係にあった。一九七〇年代のリバプールFCは一部リーグの上位にいたため、スカリーズはチームについてしばしば大陸に渡っていた。同じ頃、マンチェスター・ユナイテッドは、二部落ちしないギリギリの線をさまよっていたため、ペリーボーイズはスカリーズを羨望と憎悪の入り交じった目で見ていたのだ。

ただし、多くの若者にとって、ペリーボーイズは単なるファッションであって、暴力や盗みに興じるフーリガンはごく一部だったともいわれている。派手に悪さする連中が目立ったが、大半のペリーボーイズはスタジアムのスタンドや路上で殴りあうよりもクラブでの夜遊びを好み、高級ブランド服よりもスポーツウェアの方がおしゃれと考え、サッカーよりも音楽を楽しんでいた。

スタイリッシュで有名な元ザ・スミスのギタリスト、ジョニー・マーは、一九八四年に雑誌の取材で「好きなファッションデザイナーは?」と問われると、こう答えた。「マンチェスターの街の真ん中を歩いている、すべてのペリーボーイズさ」。

ペリーボーイズは数年間の流行を経て、後述するカジュアルズ(パート22参照)へと変化していく。

PART
16

過去のエレメンツを破壊して
再構築したスタイル

PUNKS

パンクス

年代 ／1970年代
発祥 ／アメリカ〈ニューヨーク〉 イギリス〈ロンドン〉
系統 ／ドレスダウン系 ミックス系 音楽系

中心メンバーの属性
階級 ／ワーキングクラス
人種 ／白人
信条 ／左派

punks

パンクの誕生

パンクはいつ、どこで生まれたのか？　諸説あるが、一九七〇年代中頃にアメリカで誕生し、少し後にイギリスへ渡ったというのが、一番多くの人が納得できる回答だろう。

スタイルとしてのパンクは、音楽としてのパンク＝パンクロックとの関係を無視することができない。グラムと同様、パンクは先鋭的なロックスターが扇動して発生したカルチャーなのだ。では、最初のパンクロックは何だったのかというと、一九六〇年代末のアメリカ、主にニューヨークで演奏されていたガレージロックが始点であると考えられる。

一九六〇年代のザ・ビートルズやザ・ローリング・ストーンズ、ザ・フー、ザ・キンクスなどイギリス出身バンドのアメリカでの成功（ブリティッシュ・インヴェイジョンと呼ばれる）に影響を受け、自宅のガレージで練習をはじめたアメリカの若いアマチュアバンドの音楽がガレージロックである。

ニューヨークパンク

ブリティッシュ・インヴェイジョンを経験して一九七〇年代に入ると、アメリカのロックビジネスはどんどん巨大化していった。メジャーシーンのミュージシャンは大作づくりを目指し、サウンド的にはイーグルスやリンダ・ロンシュタット、ジャクソン・ブラウン、ドゥービー・ブラザーズ、ロギンス・アンド・メッシーナなどのウェストコーストサウンドに代表される、爽やかで耳あたりの良いものが主流になっていく。

そんな退屈な産業ロックに満足できず、初期の荒々しいロックンロールへ回帰しようという志向が強いガレージバンド群の中から、アンダーグラウンドシーンではあるが国中に名を馳せるグループやミュージシャンが出現し、やがてひとつの音楽ジャンルが形成されていった。

すべてがガレージ出身ではないが、当時のシーンに含まれるのは、ザ・シーズ、ザ・スタンデルズ、ザ・ソニックス、フレイミン・グルーヴィーズ、ザ・ヴェルヴェット・アンダーグラウンドとそこから脱退したルー・リード、イギー・ポップ・アンド・ザ・ストゥージズ、MC5、パティ・スミス、ニューヨーク・ドールズ、テレヴィジョン、リチャード・ヘル、ザ・ハートブレイカーズ、ブロンディ、トーキングヘッズ、そしてラモーンズなどである。

彼らは、次第に薄められてきていたロック本来の激しいビートを前面に、強烈なエネルギーをぶつけるような荒々しいサウンドや、当時の聴衆にとっては奇怪とも思えるような、実験的要素に満ちたサウンドを打ち出した。ニューヨークを中心に活動した彼らは、レッグス・マクニールという音楽ジャーナリストによって、パンクという呼び名を与えられた。

マルコム・マクラーレン

しかし彼らアメリカのパンクは、確固としたスタイルは生み出さなかったし、ロック界全体への影響も微々たるものであった。多くのパンクミュージシャンがアマチュアであったり、アート志向のクールなインテリであったりしたため、パンクは芸術運動の一環のように見られ、アンダーグラウンドから抜け出せなかったこと。そして多くのパンクスが個人主義者で、画一的なスタイルを好まなかったというのがその理由であろう。

パンクの影響力が増大するのは、その後、イギリスでのことである。仕掛け人は、マルコム・マクラーレンという男だ。

クロイドン美術学校を経てゴールドスミス・カレッジで美術を学んだマルコムは、一九六〇年代、シチュアシオニスト・インターナショナル(IS)の一員として活動していた。シチュアシオニスト・インターナショナルは、発祥の地がフランスだったため、フランス語のINTERNATIONALE SITUATIONNISTEを略してISとされたが、もちろん、同じ表記である現在のイスラム国とはいっさい関連はない。

国際的集団であるISは、一九五〇年代後半から一九七〇年代初頭にかけて、ヨーロッパ各国を舞台に、社会・政治・文化・芸術の統一的実践を目指した。活動家は資本主義社会の大量消費(スペクタクル)を徹底的に批判。落書きやビラなど自律的メディアを利用しながらみずからの都市生活をデザインし、スペクタクルの対極にある状況（シチュエーショニズム）の構築を主張した。

当時はヒッピーカルチャーの一角とみなされていたISの運動に身を投じていたマルコムは、無政府主義者（アナーキスト）でもあった。

マルコムとヴィヴィアン

一九七〇年代になるとヒッピーカルチャーは終焉期を迎え、ISの活動も鈍化していく。ISから遠ざかったマルコム・マクラーレンは一九七一年、ロンドンのキングスロード四三〇番地で、学生時代に出会ったパートナーであるヴィヴィアン・ウエストウッドとともに、折から増殖していたネオテッズ（ネオテディボーイズ）向けのファッションを展開するブティック、レット・イット・ロックの経営をはじめる。

一九五〇年代の家具やラジオ、ポスターで飾られたレット・イット・ロックの内装は、まさしくネオエドワード調だったし、販売されている主な服はいかにもなテディボーイズファッションだったが、ヴィヴィアンがつくる服はいささ

1977年のマルコム・マクラーレン（左）とヴィヴィアン・ウエストウッド
(Mirrorpix/アフロ)

か趣の異なる要素が混ざっていた。

正規のファッション教育を受けていなかったヴィヴィアンは、既存のファッションのルールを無視するように、奇抜なデザインの服を生み出しつつあったのだ。それは例えば、カットして斬新なシェイプを生み出したうえで、チェーンやニワトリの骨をつけたTシャツなどである。

ニューヨーク・ドールズ

一九七二年、その店はヴィヴィアンの興味の変化に合わせ、ロッカーズスタイルや、ジップとレザーを多用したフェティッシュな服を売る店へと変わり、店名もトゥー・ファスト・トゥ・リブ・トゥー・ヤング・トゥ・ダイとなった。その後もモダニティ・キルド・エヴリ・ナイトなど、しばしば店名を変えては新しいファッションを模索していたが、その頃のマルコム・マクラーレンには、店の経営よりも心を奪われているものがあった。グラマラスなアメリカのロックバンド、ニューヨーク・ドールズである。

一九七四年、ついに彼は「もう帰らないかもしれない」とヴィヴィアンに言い残して突然渡米。前年のロンドン公演のときに知り合いになっていたニューヨーク・ドールズのメンバーのもとへと押しかけ、一時的にマネジメントとスタイリングに参加する。

セックス・ピストルズ

ほどなくニューヨーク・ドールズは解散してしまうが、マルコムはパティ・スミスやテレヴィジョン、ラモーンズなど、ニューヨーク・ドールズ周辺のアンダーグラウンドで勃興していたパンクから強い影響を受け、そのコンセプトを母国に持ち帰り、一山当てようと画策する。

一九七五年、ニューヨーク・ドールズのフロントマンであるジョニー・サンダースが使い古したギターをお土産に抱えて帰英した彼は、自分の店とブランド名をセックスという名前に変更。そして、パリで見たSMショップに影響を受け、ラバー製のボンデージ服をつくりはじめていたヴィヴィアンを啓蒙し、新しいパンクスタイルの考案をはじめる。

さらに、店にたむろしていた不良少年たちがつくったストランドというバンドをコントロールしはじめ、ボーカルにアイルランド系でアートスクールの学生だったジョン・ライドンという男を迎えさせる。そして、バンド名をセックス・ピストルズに変えさせた。ちなみにジョン・ライドンの芸名〝ジョニー・ロットンの〝ROTTEN〟は〝腐った〟という意味で、初対面のジョンの汚い歯を見たギタリストのスティーブ・ジョーンズが、「お前

1977年のセックス・ピストルズ(アフロ)

の歯、腐ってやがる！」と叫んだ言葉をそのまま芸名にしたという有名な逸話がある。

ロンドン風パンクスタイルを定める必要があったマルコムは、とりあえずセックス・ピストルズのメンバーに、ニューヨークパンクスの一人であるリチャード・ヘルがやっていたファッションを真似させた。黒の革ジャン、安全ピンで留めたボロボロのTシャツ、逆立てたぼさぼさのショートヘアというスタイルである。そして、自分の経営するブティックの服をどんどん彼らにあてがっていく。

デビュー

一九七六年、マルコムの暗躍によりセックス・ピストルズはＥＭＩと契約。「俺は反キリスト教。俺は無政府主義者」という衝撃的なフレーズではじまる『アナーキー・イン・ザ・ＵＫ』でデビューを果たす。「ヤツらはお前を低脳にする潜在的な水素爆弾。彼女は人間じゃない。未来なんてない」という歌詞でエリザベス女王を揶揄した二曲目『ゴッド・セイヴ・ザ・クイーン』もデビュー曲同様、賛否込みで大反響となる。こうした楽曲のコンセプトを練ってピストルズに提供し、トータルプロデュースしたのは、もちろんマルコム・マクラーレンである。

アバのダンスナンバーがヒットチャートを席巻するような、安穏に肥大化したロック界を否定し、メディアでは反社会的な暴言を吐きまくる過激なピストルズの登場は、イギリス中の若者に大きな衝撃を与え、瞬く間にパンクが一大ムーブメントとなっていく。

ロンドンパンク

初期にマルコムがかかわり、レコードデビューはピストルズに先んじたザ・ダムド、ピストルズを見て衝撃を受けたメンバーによって結成されたザ・クラッシュ、キーボードをフィーチャーしたザ・ストラングラーズ、ネオモッズ系のザ・ジャムなどを加えたロンドンパンク。そのサウンドは、一九六〇年代のアメリカのガレージロックや、一九七〇年代前半、ロンドンを中心に小ブームを起こしていたパブロックのサウンドを踏襲し、大音響で歪みの強いギターと、激しいドラムリズム、がなり立てるような激情的なボーカル、そして単純で一直線の短い曲調が特徴だった。また、ロックの初期衝動への回帰願望からか、一九五〇年代のロックンロールからの影響も随所に見られた。

ニューヨークパンクは、既成のロックバンドが取り上げないようなテーマであるセックスやゲイ、SM、その他の身近な問題や社会批判などを歌詞の中に織り込むことが多かったが、概して政治的ではなかったのに対し、ロンドンパンクはセックス・ピストルズを筆頭に、政治的・社会的イデオロギーを思い切り爆発させるような歌詞で、聴衆をあおるスタイルをとるバンドが多かった。

労働党政権下の当時のイギリスは、一九七三年から一九七四年のオイルショック以降、経済が不振を極めていて、職にあぶれた若年層による政治不信の声が増大していた。そこに火をつければ簡単に燃え上がることを、仕掛け人マルコムは見抜いていたのである。

パンクファッション

多くのロンドンパンクバンドのメッセージには、個人の自由を尊重すること、DIYや直接行動をうながすこと、現在の政治体制と既存の権威への反発・不服従、自己愛、逆に未熟な自己に対する憤り、そして産業ロックに対するアンチテーゼなどが含まれていた。

パンクバンドのメンバーと、それを支持する聴衆は、衣服、髪型、化粧などを駆使し、そうしたイデオロギーを見た目のインパクトで表そうと試みた。

初期パンクスのファッションは、ビリビリに破いた服を安全ピンで留めたり、テープを巻いたり、ペンキやスプレーで服にメッセージを書きなぐったりといったDIY精神に満ちあふれたものだった。安全ピンや剃刀の刃をアクセサリー代わりとして用い、女性はSMの衣装である革やラバー、ビニール製の服を着用した。

マルコム・マクラーレンとヴィヴィアン・ウエストウッドの店のオリジナルブランドであるセディショナリーズ(店名も一九七六年にセディショナリーズに変えている)のアイテム、ストラップとジッパーを多用したボンデージパンツやプリーツ入りパンツ、パラシュートシャツ、スウェードのスリングバックシューズ、丸衿のピーターパンシャツ、モヘアニット、ベルベット衿のテッズ風ジャケット、ガーゼシャツなども人気が高かった。これらはもっぱら、店の広告塔的な役割を担わされたセックス・ピストルズが広めたスタイルである。

ジョニー・ロットンがよく着ていたエリザベス女王の肖像を使ったものをはじめ、セディショナリーズのTシャツのアートワークは、マルコムの美術学校時代からの友人であるジェイミー・リードが手がけた。脅迫状のような活字の切り貼り風フォントや、ロック史に残るショッキングなデザインとして知られるピストルズ唯一のオリジナルアルバム『ネヴァー・マインド・ザ・ボロックス』のレコードジャケットも彼の手によるものである。

それに対してパブロックやレゲエ色の強いザ・クラッシュはロッカーズ風、ザ・ジャムやエルヴィス・コステロはモッズ風、ザ・ダムドはタキシードに白塗りメイクのオカルト風、スージー・アンド・ザ・バンシーズはナチス風の服装でキメ、これらのバンドやミュージシャンを支持するファンは、同様のファッションで身を固めた。

パンクスの多くはピストルズのジョニー・ロットンや、二代目ベーシスト、シド・ヴィシャスの髪型を真似、散切りの髪を立たせて固め、さまざまな色をつける者もいた。いずれも、競うように見た目のショッキングさを求めるのがパンクスタイルだった。

また、細いジーンズやチェックのズボン、スカート(男性でも)、モヘアのボーダーニット、メッセージ性の強いTシャツ、コンバースのスニーカー、ジョージコックスのラバーソール（ブローセル・クリーパーズ）、ドクターマーチンの編み上げブーツ、鋲付きのリストバンドやベルトなども好まれた。

ジョージコックス

ここで、テディボーイズが愛し、パンクスに引き継がれたシューズ、ジョージコックスのラバーソールについて軽く触れてみよう。ラバーソールはパンクファッションを考えるうえで、非常に象徴的なアイテムなのである。

一九〇六年、イギリスの靴製造業の聖地であるノーザンプトンで、ジョージ・ジェイムズ・コックスによって設立された靴メーカー、ジョージコックスは、日本ではラバーソールと呼ばれるクレープソールの厚底シューズ、ブローセル・クリーパーズを一九四九年に開発している。軍靴などの例外を除き、世界で初めてゴム底を採用した靴だ。

ブローセル・クリーパーズはそれまでの革底の靴では味わえなかったソフトな歩き心地で発売当初から注目されたが、あま

ジョージコックスのラバーソール、型番5289

りにも風変わりな見た目であったため、色モノ的な靴とみなされていた。しかし一九五〇年代、テディボーイズに見いだされ、若者の間で人気を博すようになる。

マルコム・マクラーレンとヴィヴィアン・ウエストウッドのショップ、レット・イット・ロックがリバイバルしたテディボーイズのための店であることは前述したが、このジョージコックスのブローセル・クリーパーズも売れ筋商品のひとつだった。

店が変遷して以降も、ジョージコックスのブローセル・クリーパーズは看板商品でありつづけ、セックス・ピストルズをはじめ、ザ・ダムド、ザ・ストラングラーズなど、初期パンクバンドのメンバーが履くようになった。こうしてブローセル・クリーパーズは、テディボーイズ御用達だった古いシューズというイメージから脱却し、最新鋭のパンクファッションのひとつとして認知されるようになるのである。

モザイクカルチャー

さまざまなバリエーションが生み出され、一言ではくくりにくいパンクスタイルだが、ひとつだけはっきりした特徴は、テディボーイズやロッカーズ、さらにモッズやスキンヘッズなど、過去にイギリス国内で巻き起こったさまざまなストリートスタイルを部分的に拝借し、乱雑に、モザイク的に組み合わせていたということだ。

パンクロックのサウンドと同様、既存のカルチャーに強く影響されているにもかかわらず、それをまっとうに継承するのではなく、一旦破壊してまぜこぜにしたうえで再構築したのが、パンクファッションだったのだ。パンクはメルティングポットのようなカルチャーであるといわれる所以である。

一大ペテン

現代のストリートスタイルにも影響を色濃く残すパンク（特にロンドンパンク）は、実はマルコム・マクラーレンという仕掛け人によってはじめられ、滅茶苦茶なように見えて裏でしっかりコントロールされた、まるで虚構のようなムーブメントだったと見ることもできる。

パンクカルチャー好きにとっては信じたくないようなことかもしれないし、あるいはそういうペテン的な側面も含めて、パンクは面白いと感じる人もいるだろう。

一九八〇年に公開されたイギリス映画『ザ・グレイト・ロックンロール・スウィンドル』は、セックス・ピストルズのヒストリーをたどるドキュメンタリー映画という体裁をとりながら、マルコム・マクラーレン本人が、ロック業界とファッション業界を手玉に取った数年間のいかさまぶりを、まるで手品の種明かしをするように得々と語るという、一種異様な内容になっている。

映画の中で彼が着ているセディショナリーズのTシャツの胸元には、「CASH FROM CHAOS

（＝混沌から現ナマ）」と、まるでみずから仕掛けたパンクムーブメントを総括するようなフレーズが、大きくプリントされている。

また、一九八六年に公開されたアレックス・コックス監督によるイギリス映画『シド・アンド・ナンシー』は、シド・ヴィシャスとナンシー・スパンゲンの破滅的な愛を描き上げた、過激なラブストーリー。セックス・ピストルズのファッションや演奏シーンなどが見事に再現されていて見どころは多いが、麻薬中毒者であるシド・ヴィシャスを美化しすぎているとの批判も多く浴びせられた映画である。この映画に登場するマルコム・マクラーレンは、飄々とした一種のトリックスターとして扱われている。

しかしその後、さしものマルコム・マクラーレンも恐らく予見していなかった形に、パンクは発展することになる。ハードコアパンクだ。

PART
17

パンク精神を本気で開花させた
リアルなストリートスタイル

HARD CORE PUNKS

ハードコアパンクス

年代 ／1980年代
発祥 ／イギリス〈ロンドン〉
系統 ／ドレスダウン系　音楽系

中心メンバーの属性
階級 ／ワーキングクラス
人種 ／白人
信条 ／無政府主義　極左

Hardcore punks

パンクの分派

一九七六年から一九七七年にかけて一気に燃え上がったロンドンのパンクムーブメントは、比較的短期間で収束へと向かい、一九七〇年代後半になるとパンクスはいくつかの派閥に分かれていった。モッズのリバイバルであるネオモッズ、ネオスカ系の2トーン、スキンズ系のオイ！、ニューヨークのノーウェーブなどがその例であるが、分派の中で比較的大きな流れとなったのが、オリジナルパンク直系のハードコアパンクだ。

ハードコアパンクのはじまりは、一九八〇年代初頭である。それに先立つ一九七〇年代後半、マルコム・マクラーレンによってかけられたパンクの魔法は解けはじめていた。雨後のタケノコのごとく出てきたパンクバンドの多くは早くも商業主義に侵され、陳腐化がはじまったのだ。一九七九年二月に、初期パンクの権化ともいえるカリスマのシド・ヴィシャスが、恋人のナンシー・スパンゲンを刺殺（の疑い）したうえ、保釈中にハードドラッグの過剰摂取で死亡すると、〝PUNK IS DEAD〟＝〝もはやパンクは死んだ〟といわれるようになった。

そうした風潮に対し〝PUNX NOT DEAD!〟という声を上げる者たちが現れる。彼らの音楽はハードコアパンクと呼ばれるよう

ディスチャージのアルバム
『ソサイエティーズ・ヴィクティムズ』

になっていく。

ＵＫハードコアパンク

パイオニアは、〝アナーキー・アンド・ピース〟をスローガンに掲げ、一九七八年にファーストアルバムを発表したパンクバンド、クラスだ。クラスの奏でる楽曲は、それまでのパンクに輪をかけてアヴァンギャルドでハードなサウンドだったが、彼らがハードコアパンクの元祖といわれる所以は、どちらかというと思想面での影響の大きさからである。過去にヒッピーだった経験も持つクラスのメンバーは、半自給自足の共同生活を送りながら、本気でアンチシステムとアナーキズム、反商業主義を貫く過激なバンドだったのだ。

ハードコアパンクのサウンドと様式は、クラスを追うように一九七〇年代終わりから一九八〇年代初頭にかけて続々と登場した、ディスチャージ、G.B.H.、ジ・エクスプロイテッド、ディスオーダー、カオスUKといったバンドが確立していく。彼らの登場によって、UKパンクシーンは再び活性化していくのである。

初期のハードコアパンクバンドたちは、圧倒的にラウドなディストーションギターを使い、ごく単純なコード進行と曲構成で、シンプルなリフを高速で叩きつける曲をつくった。一曲は非常に短く、そこにメロディの起伏が乏しいシャウトボーカルが乗る。歌詞は、クラスの示した道筋に従い、オリジナルパンクよりもずっと過激な、社会的・政治的主張を盛り込んでいた。

ハードコアパンクスの主張とファッション

サウンドや歌詞内容と連動し、ハードコアパンクスはファッションも過激だった。ズタボロのスリムブラックデニムとTシャツ。ピラミッド形の鋲を打ち込んだベルト。靴は黒のドクターマーチンかエンジニアブーツ。そして最も象徴的なアイテムが、びっしりと鋲を打ち込み、缶バッジやペイントで過剰にカスタムしたダブルの革ジャン(ライダース)である。

ライダースジャケットは、初期パンクスの中ではザ・クラッシュやラモーンズのメンバー、そしてセックス・ピストルズのシド・ヴィシャスが好んだアイテムだったが、さらにさかのぼれば一九五〇年代から一九六〇年代のバイカーズ、ロッカーズのスタイルを踏襲したものだともいえる。

髪型はロングヘアを固めてウニのように突き立てたスパイキーヘアや、いわゆるモヒカン刈りとして知られる、両サイドを剃り上げるか短く刈り込み、長く伸ばして奇抜な色で染め上げた中央の髪のみを突き立てるトロージャンヘアが好まれた。

ハードコアパンクスのこうした過激なスタイルは、オリジナルパンクスやロッカーズのエクストリーム版であるという面に加え、一九七九年に公開されたオーストラリア映画『マッドマックス』、及び一九八一年公開の『マッドマックス2』に登場する、荒廃した近未来世界の悪役スタイルに影響を受けたといわれている。

また、高速ビートと強烈で単調なギターリフが特徴のディスチャージを崇拝し、特に北欧で大量発生したフォロワーバンドは、一九八〇年代後半頃からクラストコアと呼ばれるようになる。クラストとはかさぶたや外皮という意味で、彼らのファッションがハードコアパンクスの中でも際立ってボロボロで、小汚いことからそう呼称された。

『マッドマックス』と『マッドマックス2』のDVD

ハードコアの飛び火

イギリスで生まれたハードコアパンクは、ほとんど間髪を容れずにヨーロッパ各国やアメリカ、そして日本へと伝播していく。とりわけ大きな動きとなったアメリカについては次の章で詳述するとして、最後に日本の動きについて紹介しよう。

一九七〇年代後半に東京ロッカーズと呼ばれたバンド群が登場し、イギリスからやや遅れてパンクシーンが形成された日本では、一九八〇年代初頭からハードコアパンクバンドが一挙に登場している。ガーゼ、ギズム、エクスキュート、リップクリーム、オウト、ゾウオ、ラフィンノーズ、カムズ、グール、モブス、チフス、自我、G-ZETなどである。

日本の初期ハードコアパンクバンドは、サウンド、ファッション、思想面においてUKハードコアからの影響が大きかったが、やがて日本独自のスタイルを加え、ジャパニーズハードコア、略してジャパコアあるいはジャップコアと呼ばれるようになっていく。

唯一の被爆国である日本のハードコアパンクのメッセージは、反戦・反核色が色濃く、ファッションもアンチの意味を込めてミリタリーアイテムを使用することがままあった。また、バンドマン及びそのファンはワーキングクラスの者が多く、経済が好調を極めて一億総中流意識が浸透する社会からの疎外感を持ち、反商業主義を訴えるバンドも多かった。そのアイデンティティを誇示する意味も込めて、作業着などをカスタムして着こなすこともあり、足元はドクターマーチンの代わりに、土木工事で使用されるスティールトゥの安全靴を履いた。もっとも、当時は日本にあまりドクターマーチンブーツが輸入されておらず、手に入れるのが難しかったという事情もある。さらに、究極のアウトロースタイルへの憧憬からか、任侠風の和彫りの入れ墨を入れるパンクスもいた。

PART
18

アメリカ社会の影に苦しめられる
若者のリアルな叫び

US HARD CORE PUNKS

USハードコアパンクス

年代 ／1980年代
発祥 ／アメリカ
〈ニューヨーク、ワシントンD.C.、カリフォルニア〉
系統 ／ドレスダウン系　音楽系

中心メンバーの属性
階級 ／ワーキングクラス
人種 ／白人
信条 ／左派　潔癖

THREAT
US HARDCORE

USハードコア

イギリスの動きと連動し、一九八〇年代に入るとアメリカの各地でもハードコアパンクバンドが、急速にシーンを形成していく。

東海岸からはニューヨークを中心に活動するミスフィッツやアグノスティック・フロント、ポートランドのポイズン・アイディア、ワシントンD.C.のバッド・ブレインズ、ロサンゼルスやサンフランシスコなどを中心とする西海岸からはブラック・フラッグ、デッド・ケネディーズ、ビースティ・ボーイズ、7セカンズなどが続々と登場する。

USハードコアパンクバンドはそれぞれユニークな曲づくりをしていたが、乱暴にまとめていうと、いずれもUKハードコアと同様にダークな曲調で、激しく高速のリズムとメロディの抑揚を抑えたシャウトボーカルを叩きつけるサウンドである。特に尊敬を集めたジャマイカ系黒人のバンド、バッド・ブレインズの影響からか、UKハードコアに比べると比較的高音域のボーカルが多い点も、USハードコアの特徴である。

バッド・ブレインズのアルバム『オメガ・セッションズ』

アメリカのハードコアパンクスのファッションは、UKのそれとは趣が異なっていた。中にはイギリス勢に影響され、典型的な

UK風パンクファッションでキメる者もいたが、多くの場合は一九七〇年代のニューヨークパンクと同様、演奏者も聴衆も一定のスタイルを持たず、Tシャツ、ネルシャツ、ハーフパンツ、ジーンズ、ナイロンジャケット、スニーカー、ワークブーツなど、カジュアルでスポーティなアイテムを思い思いに着こなしていた。

また、歌詞で主張する内容も、イギリスのハードコアパンクとは一味違っていた。政治や経済が不安定で、職にあぶれる若年層が多かったイギリスに比べ、レーガン政権下の当時のアメリカは、大規模な経済政策であるレーガノミクスが功を奏して景気は上向きであり、イギリスのハードコアパンクが叫ぶような、息詰まる激しい政治主張はピンとこなかったのだ。

彼らにとってもっと重大な問題は、ドラッグとアルコールの蔓延、それに伴う家庭崩壊や暴力犯罪の激増、そしてエイズだった。

ストレートエッジ

ワシントンD.C.ではこうしたアメリカの社会問題を背景に、ストレートエッジと呼ばれる独自のハードコアシーンが誕生する。提唱者は、バッド・ブレインズに影響されて一九八〇年に結成されたマイナー・スレットのフロントマン、イアン・マッケイである。

ストレートエッジのイデオロギーは、タバコを吸わない、酒を飲まない、ドラッグを使わない、快楽目的のみのセックスをしない、暴力をふるわないというものである。それまでのロックの価値観であった「セックス、ドラッグ、バイオレンス」という生き方とはまったく逆をいき、極限までスピーディにしたハードコアサウンドにその心情を乗せて訴えるスタイルだ。

自分たちが抱える身近な問題から目をそらさず、みずからを害する物事を遠ざけると同時に、我が身を厳しく律しようというストレートエッジの主張は多くの若者の共感を集めた。ストレートエッジはまた、学園都市であるボストンにも飛び火し、SSDやDYSなどのフォロワーバンドも出現した。

首都であるワシントンD.C.や米国最古の都市であるボストンでストレートエッジが受け入れられたことを、清潔・潔白を旨とする清教徒（ピューリタン）を中心とするグループが建国にかかわったというアメリカの歴史に重ねて説明されることもあるが、これはやや強引なこじつけだろう。単に、経済が絶好調で国力を増していく強大な母国に生きながら、社会の影の部分に苦しめられる若者のリアルな叫びであったと考えられる。

マイナー・スレット。
左から二番目がイアン・マッケイ

ストレートエッジのスタイル

ストレートエッジのスタイルは、ほかのUSハードコアパンクスのものと大差はない。ショートパンツにスニーカー、バンドTシャツにワークキャップかベースボールキャップという、思い思いのスポーティないでたちが主である。髪型はマイナー・スレットのイアン・マッケイにならい、イギリスのスキンヘッズの影響を受けた坊主頭にする者も見られた。さらにひとつのシンボルとして、手の甲に大きな×印を書いていた。

これは、イアン・マッケイがかつて在籍していたバンド、ティーン・アイドルズがツアーをおこなった際、未成年であったメンバーがクラブ側から出演を拒否されそうになり、オーナーと協議のうえ、店員が彼らに間違って酒を出さないように、手の甲に×印を書いたことが由来とされている。

ユースクルー

ストレートエッジムーブメントは短期間でさらに過激化し、完全菜食主義（ヴィーガン）、カフェインを摂取しない、医師の処方薬も含めいかなる薬物も使用しないという、やや宗教的ともいえる方向にまで進みつつ、一九八〇年代中期には大いに盛り上がり、発展をつづけた。コネティカット出身のユース・オブ・トゥデイ、ニューヨークのゴリラ・ビスケッツやストレイト・アヘッド、カリフォルニアのユニティやユニフォーム・チョイスなどが当時の重要バンドである。

ゴリラ・ビスケッツのキャラクターもチャンピオンのリバースウィーブを着ている

彼ら第二世代ストレートエッジには、ユースクルーあるいはニュースクールハードコアという呼び名が与えられた。ユースクルーが好んで身につけ、象徴的となったアイテムは、チャンピオンの定番スウェットウェアであるリバースウィーブのトレーナーやパーカである。それにアーミーパンツやスウェットパンツ、ショートパンツ、スタジアムジャンパー、ナイキのハイカットスニーカーなどを合わせるスタイルが好まれた。スケーターやBボーイ、さらにアイビーやプレッピーからの影響もうかがえ、これまでのハードコアパンクスとは一線を画すような、小綺麗でさっぱりとしたファッションになったのが特徴だ。

メロコア

ロサンゼルスのハードコアパンクバンド、バッド・レリジョンは、一九八八年発表のサードアルバム『SUFFER』で、それまでのハードコアのイメージを一新するような新感覚サウンドを確立する。爽快でありながら叙情性と哀愁を帯びたメロディラインを持つ、疾走感あふれる曲調である。このアルバムが多くの人々から耳目を集めることになり、自社レーベルのエピタフから同様のサウンドを奏でるフォロワーバンドを数多く輩出。初期を含む過去のあらゆるパンクバンドではありえなかった商業的成功を収めはじめ、メロコア（メロディック・ハードコア）というジャンルが成立する。

一九九〇年代中頃から後半にかけては、エピタフに所属したＮＯＦＸやランシド、エピタフ外からもグリーン・デイやオフスプリング、サム41など、アメリカ西海岸出身のメロコアバンドが国内のみならず世界中の若者から圧倒的な支持を集め、メロコアは一九九〇年代後半から二〇〇〇年代初頭にかけ、世界の音楽産業の中心となっていく。

日本でも

日本でも一九九〇年代中頃以降、ハイスタンダードを中心にメロコアブームが巻き起こる。ハスキング・ビー、10-フィート、ココバット、バック・ドロップ・ボム、ブラフマン、モンゴル800など和製メロコアバンドが続々と登場し、人気を獲得していく。

世界の若者の間でスタンダードとなったメロコア支持層のスタイルには、もともとのルーツであったパンクの要素はほとんど見られなくなった。Tシャツにヴィンテージデニムやスキニーデニム、ワークパンツ、ハーフパンツ、スニーカーなどを合わせるラフなカジュアルウェアであるという共通点を持ちつつ、カリフォルニアのスケーター(パート26参照)的要素も多分に取り入れ、長袖Tシャツと半袖Tシャツの重ね着や、ライン入りハイソックス、スケートシューズやベースボールキャップなどを用いるスタイルが主流のファッションとなった。

また、本場・西海岸メロコアバンドのミュージシャンはタトゥー愛好者が多かったため、日本人を含む世界の若者に、西海岸風のタトゥーを入れることが大流行したのもこの頃である。

PART
19

過剰なドレスアップスタイルが
音楽に乗って世界を席巻

New Romantics

ニューロマンティクス

年代 ／1980年代
発祥 ／イギリス〈ロンドン〉
系統 ／ドレスアップ系　音楽系

中心メンバーの属性
階級 ／ミドルクラス
人種 ／白人
信条 ／ノンポリ　享楽主義

New
Romantics

ニューウェーブの成立

一九七七年八月、イギリスの音楽新聞メロディ・メーカー紙は、XTCやスクィーズといった、パンクムーブメントの一角にいるものの少々毛色の異なるバンドを紹介する記事の中で初めて、〝ニューウェーブ〟という言葉を使った。

言葉が誕生してからしばらくの間、それが指し示すものはあいまいで、ゴリゴリのパンクバンドもニューウェーブと呼ばれたりしていたが、やがて、パンクムーブメントによって混沌状態となったロック業界の中から生まれた新しいスタイルの音楽全般を指すようになっていく。

ニューウェーブはひとつの音楽ジャンルではない。パンク系の粗くアヴァンギャルドなサウンドであるポストパンクから、ノイズ、アンビエント、テクノポップ（英米での呼び名はシンセポップまたはエレクトロポップ。テクノポップの名付け親は坂本龍一）、ネオサイケ、2トーン（ネオスカ）、エスノポップ（アフリカ、アラブ、アジアなど英米系以外のポップス）、ファンカラティーナ（ファンクとラテンが語源のディスコ系ダンスミュージック）、ネオアコースティックなどまで、さまざまな音楽性のバンドをひとくくりにまとめた呼称である。

従って、ニューウェーブには特段決まったスタイルというものがあるわけではない。あえていうならば、ニューウェーブの中でもひときわ人気の高かったジャンルであるテクノポップだけは、スタイルらしきものを生んだ。

テクノスタイル

シンセサイザー、シーケンサー、ヴォコーダーなどの電子楽器を駆使した、無機質で人工的なサウンドを奏でるテクノポップは、ドイツのクラフトワークが伝道師となり、一九七〇年代後半にはアメリカのディーヴォやイギリスのゲイリー・ニューマン、日本のＹＭＯ、プラスチックス、Ｐ－モデルなど、世界各国で人気バンドが登場する。念のために断っておくと、一九八〇年代後半にアメリカのデトロイトで発祥したデトロイトテクノをルーツとする、現代の音楽ジャンル〝テクノ〟と、この時代のテクノポップは別物である。

初期のテクノポップのミュージシャンは、クラフトワーク――赤いシャツに黒のネクタイ、ディーヴォ――黄色のつなぎやシルバーのジャケットに妙な形の帽子、ＹＭＯ――中国風の赤い人民服と、制服のような揃いの衣装でステージに上がることが多かった。

しかし彼らのステージ衣装は、かっこよく着飾るものというよりも、人工的で無機質な音楽性を強調するため、演奏者の人間性や個性を打ち消す機能を担う一種の小道具であったので、一般人の中に彼らの服装をコピーする者はあまりいなかった。

だが、もみ上げを短く水平に整えるテクノカットは、フォロワーの証として真似する者が多かった。特に日本では、やがて音楽に興味のない若者にまで広く取り入れられるようになり、一九八〇年代を象徴するヘアスタイルのひとつになっていった。

ニューロマンティクススタイル

ニューウェーブ畑の中から芽を出し、ストリートスタイルとして成立するのはニューロマンティクスである。

ニューロマンティクスの台頭は一九八〇年代初頭。イギリスでYMOを最初に紹介したとされる多才なミュージシャン、スティーヴ・ストレンジがキーパーソンだ。

一九七〇年代のムーブメント真っ盛りの時期、パンク界隈で活動していたストレンジは、一九七八年にシンセポップバンド、ヴィサージを結成。同時期にバンドのメンバーとともに、ロンドンのソーホーにあるゴシップスというクラブを借り切って、パーティをオーガナイズするようになる。そのイベントは、パンク以前のロックヒーローであるデヴィッド・ボウイにあやかり、〝ボウイ・ナイト〟と名づけられた。

1980年代のスティーヴ・ストレンジ
(Photoshot/アフロ)

ボウイ・ナイトは質の悪い一般客が来られないように、あえて週末を避け、平日の火曜日夜に開催された。そのうえ、かけられる音楽や会場の雰囲気、入店を許可する客の選別に至るまで、クラブのオーナーには一切口を出させず、若いオーガナイザーと客にすべてが任されるものであった。

その結果、ボウイ・ナイトは一躍、ロンドンのおしゃれキッズに大人気のパーティとなる。店に集まったのは、耽美的な服装で着飾った若者たち。スティーヴ・ストレンジ自身がバイセクシャルであったことからゲイカルチャーを巻き込み、ジギー・スターダストの再来を思わせるような近未来風の衣装から、中世ヨーロッパ風の倒錯的なドレス、グラマラスで性別を超えたような服装まで、優雅にそして奇妙に着飾った集団が形成されていった。

イベントの集客数がゴシップスのキャパを超えると、会場はより大きなクラブであるブリッツに変更される。呼び名が必要になった彼らは、当初、ブリッツキッズと呼ばれたが、やがてメディアが彼らにふさわしい名前を与えた。それがニューロマンティクスである。

カルチャー・クラブのフロントマン、ボーイ・ジョージことジョージ・オダウドは、ボウイ・ナイトの常連でもあり、ムーブメント初期からニューロマンティクスの世界では有名人であった。

ブリッツ
(Bridgeman Images/アフロ)

世界的なバンドを輩出

ニューロマンティクスムーブメントは、数々のスターを生み出していく。

音楽としてのニューロマンティクスはテクノポップの流れを汲み、シンセサイザーやシーケンサーなどの電子楽器を駆使したダンサブルなエレクトロポップが主流。曲調には、デヴィッド・ボウイやロキシー・ミュージックなど、グラムロックの影響も色濃かった。

スティーヴ・ストレンジのバンド、ヴィサージがニューロマンティクスの元祖としてまず有名になり、次に注目されたのは、デビュー前にマルコム・マクラーレンがプロデュースしていたバンド、アダム・アンド・ジ・アンツである。アダム・アンド・ジ・アンツはヴィヴィアン・ウエストウッドがデザインする海賊風の衣装を身につけ、濃いメイクを施してステージに立った。

ちなみに、ヴィヴィアン・ウエストウッドはパンクムーブメントの折、キングスロードの店とブランド名をセックスからセディショナリーズに改名してパンクファッションを売りまくり、ニューウェーブ台頭後はワールズエンドと再び改名して、いかにもニューロマンティクスな衣装を提供した。ワールズエンドはヴィヴィアン・ウエストウッドが世界的なデザイナーとなった二〇一八年現在も、キングスロードの同じ場所で営業中だ。

第二次ブリティッシュ・インヴェイジョン

その後、このシーンからは、デュラン・デュラン、カルチャー・クラブ（音楽的にはブルー・アイド・ソウルに分類される）、スパンダー・バレエ、ジャパン、ヒューマン・リーグ、バウ・ワウ・ワウ（アダム・アンド・ジ・アンツから引き抜いたメンバーでマルコム・マクラーレンが結成させたバンド。ヴィヴィアン・ウエストウッドによるボロボロの〝ホーボーファッション〟とジャングルビートで知られる）、デッド・オア・アライヴ（後年、ユーロビートの第一人者になる）、トンプソン・ツインズといったバンドが次々に登場し、ビッグネームへと成長していく。

この時期のイギリスバンドの世界的（特にアメリカにおける）成功は、一九六〇年代のザ・ビートルズやザ・ローリング・ストーンズの成功に匹敵するものとされ、第二次ブリティッシュ・インヴェイジョンと呼ばれた。

ニューロマンティクスに分類するのはやや気が引けるが、アイドル的な人気が爆発したカジャ・グー・グー、ハワード・ジョーンズ、ワム！、そしてこの時期はシンセポップ的な音楽に取り組んでいた大御所デヴィッド・ボウイも、ビッグウェーブに乗って大きな成功をつかんでいる。

PART
20

息の長いカルチャーになった
デカダンススタイル

Goth

ゴス

年代 ／1980年代
発祥 ／イギリス〈ロンドン〉
系統 ／ドレスアップ系　音楽系

中心メンバーの属性
階級 ／ミドルクラス
人種 ／白人
信条 ／ノンポリ　耽美主義

Goth

暗い美学

ニューロマンティクスを生んだクラブ、ゴシップスはボウイ・ナイトが他所に移った後、バットケイブという名前のクラブに変わる。そこから生み出されたスタイルがゴスである。

一見あでやかで陽気にも見えるニューロマンティクス、そしてニューロマンティクスの元ネタとされる、一八世紀末から一九世紀前半にヨーロッパで興った精神運動であるロマン主義の中にはもともと、恋愛賛美や豪華絢爛な中世への憧憬とともに、憂鬱さや人間としての苦悩、死の予感のような暗い影が含まれていた。そうした影こそが、明るさや美しさを引き立てるものと考えられていたからだ。そして元来は引き立て役であったこの影の部分のみを抽出し、世紀末的デカダンス（退廃）を過剰に演出したのがゴスである。

ゴススタイルの源流を探れば、マーク・ボランやヴェルヴェット・アンダーグラウンド、ザ・ドアーズ、デヴィッド・ボウイ、イギー・ポップなど、一九六〇年代から一九七〇年代にかけて活躍した英米のミュージシャンにたどり着くが、もっとも直接的な影響が大きかったのは、三大ロンドンパンクの一角であるザ・ダムドであろう。

ロンドンパンク勢の中でもいち早く、一九七六年にデ

バットケイブで撮影されたスペシメンのキーボーディスト、ジョニー・スラット（Photoshot/アフロ）

ビューしたダムドは、楽曲に政治的・社会的な主張はあまり盛り込まず、音楽性を追求したバンドだった。暗く、スピード感に満ちた轟音サウンドは、後のハードコアパンクにも大きな影響を与えたといわれている。元墓掘り職人であるダムドのボーカリスト、デイヴ・ヴァニアンは、白塗りの顔に吸血鬼のような衣装を着て、地元の墓地を借りてライブをおこなったりしていた。

ゴシックロックの成立

その後、スージー・アンド・ザ・バンシーズをはじめ、パンク第二世代以降の中に、ダムドが掘り起こした暗い美学をフォローするバンドが出てくる。そしてゴシックロックあるいはポジティブパンクと呼ばれるひとつのサブジャンルとして成立したのが一九八〇年代前半である。バウハウス、スペシメン、セックス・ギャング・チルドレン、エイリアン・セックス・フィエンド、ジョイ・ディヴィジョン、ザ・キュアー、デッド・カン・ダンス、ザ・カルトの前身バンドであったサザン・デス・カルト、初期のアダム・アンド・ジ・アンツとキリング・ジョークもこのシーンに含められる。

こうしたバンドを好み、バットケイブに集まった若者は、ベルベットやレース、メッシュ、レザーなどの素材でつくられた服で身を固めた。色はとことん真っ黒。男性も女性もホラー映画に出てくるゾンビのように真っ白な濃厚メイクを施したり、ドクロを多用したオカルト系のアクセサリーで身を飾ったりしていた。グラムやニューロマンティクスから引き継ぐ両性具有のテーマも内包しつつ、中世のルネサンス風やヴィクトリア朝風などの、倒錯的なまでに着飾った服装が特徴だった。

日本での展開

日本でも、ゴスは現地とほぼ同タイミングで盛り上がっている。一役買ったのが、ジュネという人物である。

一九八〇年代初頭、パンクバンドのライブを観るために渡英したものの、たまたま出会ったバウハウス等のゴシックロックに衝撃を受け、魅了されたジュネは、帰国後、日本初のゴスバンド、オートモッドを結成する。

ジュネはさらに、シリーズギグ〝時の葬列〟を主催。マダム・エドワルダ、サディ・サッズ、YBO^2、アサイラム、ソドム、G－シュミットなどの人気バンドが続々と登場し、本場のロンドンさながらのゴススタイルでキメたポジパン（ポジティブパンク）キッズでライブ会場はにぎわうようになった。最前線になったのは、東京・目黒のライブハウス鹿鳴館である。

またメジャーな人気を獲得したザ・ウィラードやバクチクなども、ゴシックロックの要素を取り入れたバンドである。

現在も続くカルチャー

ゴススタイルは非常に息の長いカルチャーとなり、本場イギリスはもちろん、ヨーロッパ諸国、アメリカ、カナダ、日本を筆頭とするアジア諸国でも根強く残っていく。日本のゴスキッズは、一九九〇年代以降にメジャーシーンで増殖した、ゴシックロックやヘヴィメタルの系譜を汲むビジュアル系バンドとつながった。

そして、一九八〇年代から活動するテクノポップバンド、ヤプーズのボーカリストでもあった女優の戸川純や、有頂天のケラ（現在のケラリーノ・サンドロヴィッチ）が主宰したテクノ色の強いインディーズレーベル、ナゴムレコードに所属するバンドのファンである〝ナゴムギャル〟を起源とするロリータファッション集団と融合し、日本独自のゴシック&ロリータスタイル（ゴスロリ）を展開。ゴスロリは二〇世紀末から二十一世紀初頭には全盛期を迎え、世界にＫＡＷＡＩＩ文化を発信、今なお安定した人気を保っている。

2008年にブラジルで撮影されたゴスロリファッションの少女たち（AP/アフロ）

エモ&サイバーゴス

二〇〇〇年代前半からイギリスをはじめとするヨーロッパ諸国、またアメリカの西海岸やカナダのケベック州を中心に大きな流行となったエモと呼ばれるスタイルも、イギリスのゴスや日本のゴスロリから影響を受けたカルチャーである。

エモはオリジナルのゴスやゴスロリに比べるとシンプルなスタイルで、黒のタイトなバンドTシャツとタイトジーンズを着て、コンバースかヴァンズのローテクスニーカーを履くというのが基本形だ。その上にスウェットパーカを羽織り、フードをかぶって着用することも多い。

髪型は男性も女性も前髪を長く伸ばし、顔の半分以上を隠す。金髪などの薄い色の髪は、わざわざ黒に染め、その上から金や赤のメッシュを入れる。黒髪がベースとなるのも、日本のゴスロリスタイルからの影響が一因と考えられる。

肉体改造願望が強いのもエモの特徴のひとつである。男女ともに、黒系のアイメイクを中心に濃い化粧を施し、唇や顎、鼻などにたくさんのピアスをつけ、タトゥー率も高い。

エモからはさらに、サイバーゴスと呼ばれるサブジャンルも発生している。サイバーゴスは蛍光色を多用し、ビニールやゴム、金属など人工的な素材を使った、電子的で近未来的な服やアクセサリーを身にまとう。もともとのゴスが持っていた退廃的なイメージを、二十一世紀風にアップデートしたスタイルである。

エモファッションはその後、中国や韓国、台湾、タイなどアジア各国へも広がるとともに、アニメやゲーム、コスプレなどのオタク系カルチャーとも密接な関係を築いたため、ストリートスタイルの一ジャンルとして、今日も大きな勢力を保っている。

PART
21

幅広く発展したヒッピーカルチャーを
ルーツとするロックスタイル

METAL HEADS

メタルヘッズ

年代 ／1970〜1980年代
発祥 ／イギリス〈ロンドン〉
系統 ／ドレスダウン系　音楽系

中心メンバーの属性
階級 ／ミドルクラス
人種 ／白人
信条 ／左派　様式主義

METAL HEADS

ルーツはヒッピー文化

ヘヴィメタルのルーツをさかのぼれば、一九六〇年代後半に発生して音楽界に根づいたハードロックにたどり着く。アメリカのジミ・ヘンドリックス、ブルー・チアー、ヴァニラ・ファッジなどがパイオニアとなり、イギリスのフリーやユーライア・ヒープ、アメリカのグランド・ファンク・レイルロードやマウンテンなどもこのジャンルの先駆的バンドとして知られている。反権力で燃え上がるヒッピー全盛時代に輩出された、カウンターカルチャー色が強く、既存のロックよりもダイナミックでドラマティックなサウンドを追求したバンド・ミュージシャン群である。

〝ヘヴィメタル〟という言葉自体も、ヒッピーの前身であるビートの巨匠による造語である。ジャック・ケルアックやアレン・ギンズバーグと並び称されるビートの作家ウィリアム・バロウズは、一九六一年に著した小説『ソフトマシーン』及び一九六四年の作品『ノヴァ急報』の中で、〝ヘヴィメタル・キッズ〟という語を使っている。現代文明の狂気のメタファーとして、ひどい薬物依存症の人間を指す言葉として用いたのだ。

ヘヴィメタルの定着

一九六八年にはイギリスでジェフ・ベック・グループ、レッド・ツェッペリン、ディープ・パープルがデビュー。一九六九年にはアメリカでアリス・クーパーが、一九七〇年にはイギリスでブラック・サバスがデビューし、ロック界で後世に名を残す、ハードロックの役者がほぼ出そろう。一方、同時期にイギリスで盛り上がりを見せていたT.レックスやデヴィッド・ボウイ、スレイド、スウィートらグラムロックも、当時はハードロックの一形態であるとみなされていた。

一九七〇年代初頭、音楽ジャーナリストのレスター・バングスは、アメリカの雑誌『ローリング・ストーン』で、これら新進気鋭のハードロックバンドに対する論評として、バロウズがつくったヘヴィメタルという言葉を繰り返し使用した。重金属を加工する音を思い起こさせる、ディストーションのきいた激しいギターの音から連想したのであろう。また、バロウズと親交が深かったアメリカの音楽プロデューサー、サンディー・パールマンは、みずからプロデュースするハードロックバンド、ブルー・オイスター・カルトに対する形容詞として、たびたびヘヴィメタルを使った。これらによって、ヘヴィメタルという音

1970年代のディープ・パープル
(vinylmeister/FLICKR)

楽ジャンルが一般に浸透していくのである。

　初期のヘヴィメタルのバンドマン及びそのファンのスタイルは、ヒッピーから引き継いだボロボロのフレアジーンズと無造作な長髪、サイケデリックとグラムから引き継いだケバケバしさ、そしてロッカーズから引き継いだスタッズつきレザーのミックスが基本だった。彼らはメタルヘッズと呼ばれるようになる。

不遇時代

イギリスでは一九七三年にフレディ・マーキュリー率いる技巧派のクイーンが、一九七五年には爆走型サウンドのモーターヘッドがデビューし、ヘヴィメタルは音楽ジャンルとして完全に定着。熱狂的かつ根強いファンも獲得したが、栄光の時代は長く続かなかった。一九七〇年代後半、ヘヴィメタルは不遇期を迎える。

　ときは、既存の産業ロックを徹底的に否定し叩き壊したパンクムーブメントと、それにつづいて斬新なサウンドを構築したニューウェーブ台頭の時代だ。テクニック重視でドラマティックかつメロディックなサウンドを追求するヘヴィメタルは、誕生当時の見られ方とは逆に、保守的で古臭い音楽＝オールドウェーブとみなされ、若者から思い切りそっぽを向かれるようになってしまうのだ。

音楽もさることながらそのファッションも、冷やかしや痛烈な蔑みの対象になっていく。パンク&ニューウェーブ時代、ヘヴィメタルファッションを身にまとう若者は、まるでジョークの扮装者のごとく扱われるようにまでなっていた。

ヘヴィメタルの復権

しかし一九七〇年代末になると、イギリスでニューウェーブ・オブ・ブリティッシュ・ヘヴィ・メタル(NWOBHM)という、ヘヴィメタルの再評価・逆襲の動きがはじまる。

この運動に呼応してアイアン・メイデン、サムソン、エンジェル・ウィッチ、デフ・レパード、サクソンなど、数多くのヘヴィメタルバンドがデビューし、人気を集めるようになっていく。また、ジューダス・プリーストやUFO、シン・リジィのようなハードロック草創期当時から活動するバンドも、この波に乗って人気が爆発した。

NWOBHM及びその周辺の新しいヘヴィメタルバンドのサウンドは、パンクに影響を受けた疾走感と荒々しさを持ちつつ、長年かけて培われた様式美である、ドラマティックで仰々しい

ジューダス・プリースト、2005年のライブで
(Zach Petersen/FLICKR)

曲調を併せ持つのが特徴である。

一方、イギリスに比べればパンク&ニューウェーブによる影響が小さかったアメリカでも、一九七〇年代後半からロサンゼルスを中心に、新しいヘヴィメタルの波が沸き起こった。

一九七八年にデビューしたヴァン・ヘイレン、第二のヴァン・ヘイレンを目指し一九八一年にデビューしたモトリー・クルーらが嚆矢《こうし》となり、クワイエット・ライオット、ラット、そしてガンズ・アンド・ローゼズなどが続き、人気を博していく。東海岸もこの動きに呼応して、同様のコンセプトのもと、ボン・ジョヴィがデビューしている。

このアメリカの動きは、ＬＡメタルというひとつのサブジャンルとして認識されるようになっていく。新しいアメリカのヘヴィメタルは、元祖のそれとは少々趣が異なり、ウェストコーストサウンドのエッセンスさえも織り込んだ、ポップで爽快、華麗なスタイルだった。

こうしてヘヴィメタルは、英米の音楽業界で再び中心的存在に育っていくのである。

ヴァン・ヘイレンのギタリスト、
エドワード・ヴァン・ヘイレン、1980年代のショット
（K. Todd Storch/FLICKR）

メタルヘッズスタイル

こうしたバンドが隆盛を誇った一九八〇年代には、一時は絶滅したかのように思われた若きメタルヘッズ（日本ローカルではメタラーと呼ばれることもあった）が大量に出現した。彼らのスタイルは基本的に、一九七〇年代のスタイルを踏襲しつつ、支持するバンドのファッションを模倣したものだった。もっとも象徴的なアイテムは革ジャンと鋲だ。

また、この頃の典型的なヘヴィメタルファッションとして、黒系のバンドTシャツ、極細のジーンズ、ウェスタンブーツやつま先のとがったドレッシーなレザーブーツ、スケーターシューズやバスケットシューズ、蛇やヒョウ柄の服、パッチやバッジ、バンダナといったアクセサリーなどがあげられる。

黒魔術やアンチキリストを標榜するバンドのファンは、逆十字や逆ペンタグラム（逆五芒星）をかたどったアクセサリーを身につけたり、白塗りのおどろおどろしい化粧を施したりすることもあった。

ヘッドバンガー

典型的な例をいくつかあげたものの、歴史が長く、さまざまなサブジャンルを生み出して巨大化しつつあるヘヴィメタルだけに、メタルヘッズのスタイルも実は千差万別だった。だがほとんどのメタルヘッズに共通するのはその長髪である。

初期はヒッピー文化の影響で片付けられるが、その後長い年月を経ても、揺るぎなく長髪が支持されたのには理由がある。ヘヴィメタル固有の演奏スタイルと、聴衆のレスポンススタイルである。

多くのヘヴィメタルバンドのメンバーは、演奏の要所で、リズムに合わせて頭を大きく前後に揺らす、ヘッドバンギングという動作をおこなった。聴衆もそれに合わせ、客席でめいめい頭を揺らす。ヘッドバンギングはやがて、人差し指と小指を突き立てるコルナサイン（日本ローカルではメロイックサインと呼ばれている）とともに、ヘヴィメタルの象徴的な動作として知られるようになっていく。

そのヘッドバンギングの際、髪は長ければ長いほど派手に揺れ、見栄えがよかったのだ。メタルヘッズは別名、ヘッドバンガーとも呼ばれた。

スラッシュメタル

ヘヴィメタルが復権を果たした一九八〇年代中頃のアメリカでは、それまで対極的といわれていたハードコアパンクとヘヴィメタルが融合し、スラッシュメタルが登場する。重々しいリズムとギターリフを持ち、ノイジーでスピード感溢れるサウンドを追求し、パンクスやスケーターからも支持されたスラッシュメタルのジャンルからは、アンスラックスやメタリカ、スレイヤーなどの世界的なバンドも現れた。

スラッシュメタルのバンドマン及びそのファンの服装は、既存のメタルヘッズのそれとはいささか様相が異なっていた。長髪であること以外はどちらかというとUSハードコアの影響が色濃く、短パンやTシャツ、ネルシャツ、スニーカーなどのスポーツカジュアルな服を着ることが多かったのだ。

またブラック・サバス以来、ヘヴィメタルの底流に引き継がれてきた黒魔術的な要素を拡大し、デス声で破滅的なサウンドを奏でるデスメタルも、この頃スラッシュメタルから派生している。デスメタルのスタイルは、黒を基調とするおどろおどろしいもので、メイクや服装にはゴスの影響もうかがえる。

2016年のライブで激しくヘッドバンギングするアンスラックスのベーシスト、フランク・ベロ（dr_zoidberg/FLICKR）

百花繚乱

今日でもヘヴィメタルは、全世界に巨大なマーケットを築いている。一九八〇年代以降はサブジャンルが爆発的に増え、北欧系のメロディックデスメタル、同じく北欧系で悪魔崇拝的な歌詞が特徴のブラックメタル、グラマラスな見た目と曲調を追求するグラムメタル、ドイツのジャーマンメタル、様式美のシンフォニックメタル、遅いテンポと重い音づくりのドゥームメタル、重厚でスピード感溢れるグラインドコアなどなど、枚挙にいとまがない。

スタイルとしても、ブラックミュージックを取り入れたコーンのようなバンドとそのフォロワーはBボーイ(パート25参照)系のファッションだったり、スリップノットのようにコスプレ色の強いスタイルもあったりと極めて多様化し、二十一世紀の現在では、もはやひとつのスタイルとしてまとめあげるのは難しい領域となっている。

PART
22

祖先のスタイルを隠した
イングランド北部のフーリガン

CASUALS

カジュアルズ

年代 ／1980年代
発祥 ／イギリス〈マンチェスター、リバプール〉
系統 ／ドレスダウン系　スポーツ系

中心メンバーの属性
階級 ／ワーキングクラス
人種 ／白人
信条 ／右派

CASUALS

カジュアルズの誕生

いがみ合っていたマンチェスターのペリーボーイズとリバプールのスカリーズは、一九七〇年代末には徐々に融合していき、一九八〇年代に入ると、地域特性がなく、スポーツウェアを愛用する若くやんちゃなサッカーファンとしてひとくくりにされるようになる。そしていつしか呼び名は、カジュアルズへと変わっていった。

カジュアルズの主体がペリーボーイズであったのかスカリーズであったのかは判然としないが、いずれにせよイングランド北部のハードなサッカーファンの若者集団であるということには変わりがない。もうひとつ確かなことは、カジュアルズはモッズやスキンヘッズ、ソウルボーイズの末裔であったということだ。

ただし、そうした系譜であるにもかかわらず、カジュアルズのスタイルには、祖先が持っていた荒々しい要素はほとんど残っていなかった。こざっぱりとしたスポーツウェアとナチュラルな髪型という、今ならどこにでもいそうなカジュアルスタイルで、週末のサッカースタジアムに集結したのである。

カジュアルズのスタイル

カジュアルズは、ラコステやフレッドペリー、アンブロ、ルコック、フィラ、セルジオ・タッキーニ、エレッセなど、イギリスやフランス、イタリアのスポーツウェアブランドのロゴ入りアイテムを、街やスタジアムで誇らしげに着こなした。スポーツブランド以外では、バーバリー、アクアスキュータム、ストーンアイランド、リーバイスなどのブランドのカジュアルウェアを愛用し、足元はアディダスのスタンスミスやリーボックなどのスニーカーを履いた。日本ではジャージやトレーニングウェアと呼ばれるトラックスーツ(上だけの場合はトラックジャケット)、ナイロン製ブルゾン、スウェット、スキーウェア、キャップなどのアイテムも駆使していた。

当時のサッカースタジアムを見渡すと、大多数の一般ファンは、応援するチームのレプリカユニフォームを身につけている。ところがカジュアルズは、誰よりも熱烈なサポーターであるにもかかわらず、決してレプリカユニフォームを着ようとはしなかった。めいめいがスポーツウェアで独自のおしゃれをしていたので、スタジアムの中では逆に目立つ存在だったという。

おしゃれの理由

当時、サッカーはワーキングクラスに人気のスポーツだったが、同時にお金のかかる趣味でもあった。一九八〇年代初頭のイングランドのサッカーチームは強豪揃いで、国内を離れてヨーロッパ大陸を舞台に活躍していたため、ファンはサポートするチームを追いかけ、ヨーロッパ各地へ観戦に行く必要があったからだ。

サッカー観戦にすべてを懸けていたカジュアルズは、低賃金の労働で稼いだお金をこつこつと貯めては、おしゃれと旅費ですべて使いはたすような生活をしていた。高級ブランドの服と比べると安いと思われるスポーツウェアでも、名のあるブランド品となると、彼らにとっては十分高価なもの。それでも彼らがおしゃれにこだわるのには理由があった。

海を渡り、イタリアやフランスのスタジアムに行くと、そこにはまるでショーウィンドウから抜け出してきたような、おしゃれな服装の人たちが客席を埋め尽くしていた。みずからが応援するイングランドのチームこそが、世界最高であると考えていたカジュアルズは、彼らに負けないようにおしゃれをしなければならないと考えたのだ。

ブランドのロゴが目立つようにデザインされた服を着るようになったのは、そうしたアピールのためだと考えられる。

もうひとつの理由

彼らはまた、自分たちがスキンヘッズの末裔であるということを隠す必要もあった。スキンヘッズと出自は同じワーキングクラスであったので、カジュアルズも一皮むくとフーリガン的な荒々しい性格を持っていた。しかし当時、スキンヘッズはフーリガンとほぼ同義とみなされていて、警察から強力にマークされていた。坊主頭、ドクターマーチン、MA－1、サスペンダーなど、スキンヘッズの目印を発見されると、スタジアムへの立ち入りを拒否されていたのだ。

それに対しカジュアルズは、スニーカーを履いて清潔なスポーツウェアを着ていたので、まったく怪しまれずにやすやすとスタジアムに入れた。

悲劇

サッカーとおしゃれを結びつけ、ストリートでスポーツウェアを着るスタイルを確立したカジュアルズだったが、ムーブメントは一九八〇年代後半に終焉を迎える。一因はサッカースタジアムで起きた悲劇的な事件である。

一九八五年五月二九日、ベルギー・ブリュッセルにあるヘイゼルスタジアムでは、イングランドのリバプール対イタリアのユヴェントスによる、UEFAチャンピオンズカップ決勝戦がおこなわれた。この試合前に、サポーター同士の衝突をきっかけとする群衆事故が発生。三十九人もが死亡、四百人以上が負傷する大惨事となってしまった。

　さらに一九八九年四月一五日には、イングランド・シェフィールドのヒルズボロスタジアムでおこなわれた、リバプール対ノッティンガム・フォレストのFAカップ準決勝戦でも群衆事故が発生。これは死者九十六人というイギリススポーツ史上最悪の悲劇となった。この事故は後に、警察の誘導ミスが原因と判明するのだが、一九八五年のベルギーでの事故が頭に残っていた世論は、フーリガニズムを激しく糾弾したのだった。

28-page disaster edition
Sunday ECHO
OUR DAY OF TEARS
The toll
93 DEAD, OVER 200 INJURED

Soccer's day of TRAGEDY
SUNDAY Mirror
Fans turned into human torches
48 KILLED
IT'S A RIOT!
MAGGIE GOES TO WAR
150 INJURED

ヘイゼルスタジアムとヒルズボロスタジアムの事故を伝える新聞記事

　そしてスポーツウェアを着たリバプールのサポーターであるカジュアルズが、瀕死の負傷者から盗みを働き、警官や救急隊員を襲い、死者の遺体に放尿していたというデマまで拡散してしまう。

　これらの事故によってスタジアムから締め出され、急激にサッカー熱が冷めたカジュアルズが向かった先は、音楽だった。一九八〇年代後半に起きるアシッドハウスとレイヴムーブメント、そしてマッドチェスター（パート23参照）を盛り上げたのは、彼らカジュアルズを中心とする、ワーキングクラスの若者たちだったのだ。

PART 23

ダンスミュージック市場を築いた
ロンドン&マンチェスターの若者

RAVER & MADCHESTER

レイヴァー、マッドチェスター

年代／1980〜1990年代
発祥／イギリス〈ロンドン、マンチェスター〉
系統／ドレスダウン系　音楽系　ダンス系

中心メンバーの属性
階級／ワーキングクラス
人種／白人
信条／左派　享楽主義

Raver & Madchester

マンチェスターの胎動

一九七〇年代の終盤から一九八〇年代初頭、ソウルボーイズとペリーボーイズを生んだマンチェスターで、新たな音楽シーンが形成されていく。地元出身のパンクバンド、バズコックスが全英で人気になったことから、マンチェスターにはポストパンク系のバンド文化が生まれ、ジョイ・ディヴィジョン、ザ・カメレオンズ、クリスピー・アンビュランス、マガジンなどのバンドが、アンダーグラウンドながら人気を集めるようになる。彼らのライブには観客として、流行末期のパンクスとペリーボーイズが集まった。

中でも、一九八二年に結成されたザ・スミスは、ボーカルのモリッシーと、ギターのジョニー・マーによって奏でられる、陰鬱さとユーモア、そしてドリーミーな透明感さえ漂うオリジナルなサウンドで人気を博し、全英のヒットチャートをにぎわすバンドに成長していく。

イビザからロンドンへ

一方その頃、スペイン領バレアレス諸島の南西に位置する常夏の島イビザは、観光ブームに沸いていた。もともとはヨーロッパの富裕層向けののどかなリゾート地だったイビザは、開放的で自由な雰囲気の土地柄で、ヒッピーたちに最後の楽園として愛されていた。そこへプロモーションビデオ全盛期の一九八三年、当時のポップスターバンドであるワム!が、シングル曲『クラブ・トロピカーナ』の撮影ロケ地として選んだことがきっかけとなり、人々が押し寄せてくるようになったのだ。

イギリスからイビザ島を訪れた若者たちは、ザ・クゥやグローリーズ、パチャ、クラブ・アムネジアといった島のクラブに集い、流行りはじめていたドラッグ、多幸感と高揚感、そして幻覚をもたらすエクスタシー(MDMA　通称:E)でキメ、保守的かつ急進的な経済改革を断行するサッチャー政権下の重苦しい日常を忘れて解放感に浸った。

クラブのDJたちは、一九七七年にシカゴのゲイクラブであるウェアハウスから生まれ、一九八〇年代に市民権を得つつあった電子音楽、ハウスを爆音で流した。

島で余暇を過ごしたロンドナーであるポール・オークンフォールドらのDJは、イビザ島で独自に発達していたクラブカルチャーをロンドンに持ち帰り、プロジェクト・クラブ、サンクチュアリ、スペクトラム、ザ・シューム・クラブ、スペシャル・ブランチ・クラブ、ザ・トリップといったクラブで再現するようになった。

ハウスを中心とするイビザ島のクラブ文化と、ロンドンで盛

『クラブ・トロピカーナ』PV撮影のためイビザ島を訪れたWHAM!(picture alliance/アフロ)

り上がっていたヒップホップ、そしてドラッグの効果がまぜこぜになった新しいカルチャーの誕生である。

クラブで流される曲は、バレアレス諸島にちなみバレアリックビートと呼ばれたが、これは新しい音楽ジャンルではなく、既存のダンスミュージックの中で、DJから〝イビザ的〟であるとみなされ選ばれた曲の集合体である。

レイヴァーの誕生

バレアリックビートを求めてロンドンのクラブに集まった若者たちは、新しいスタイルを生んだ。スマイルマークやサイケデリックなタイダイ染めのTシャツ、花柄やフォークロア調の服は、明らかにイビザ島に根づいていたヒッピーカルチャーからの影響で、エクスタシーによる幻想的な感覚も象徴している。そして踊りやすいように、オーバーサイズのルーズな服が好まれた。

ロンドンのクラブには、こうした一九八〇年代のヒッピーたちが次第に増殖。店の前には夜な夜な長蛇の列ができ、入りきれない連中はクラブ近くの路上や駐車場で勝手に音楽を流して踊り狂うようになる。

やがて、そもそも警官によるドラッグの取り締まりも厳しいクラブに、わざわざお金を払って入るなんてばかばかしいのではないかと気づいてしまった彼らは、自主的なパーティを開くようになった。空き地や倉庫、空き家などを借り切っておこなわれる一回限りの無料パーティである。

野外パーティは、環状高速道路M25周辺や、マンチェスターとリーズを結ぶM62周辺など、ロンドン郊外の空き地が舞台となった。瞬く間に大勢の人を集めるようになった彼らの自主的なパーティはレイヴ、そこに集う者たちはレイヴァーと呼ばれるようになる。

マンチェスターでは

一九八七年のザ・スミスの解散に象徴されるように、一九八〇年代後半に近づくと、マンチェスターの若者は既存のロックバンドに飽き、新しい刺激を求めはじめていた。ライブハウスへロックバンドを見にいっていた彼らは、そのかわりに、ロンドンの動きに呼応してマンチェスターでもおこなわれるようになっていたレイヴに集まるようになっていく。

ロンドンへの対抗意識が強いマンチェスターのレイヴでは、ビーチパーティ的なノリのバレアリックビートよりも、デトロイトテクノやアシッドハウスなど、より新しく都会的な電子音楽が積極的にかけられた。

デトロイトテクノとは、一九八〇年代中頃にデトロイトで活動していた黒人DJ、ホアン・

アトキンス、デリック・メイ、ケヴィン・サンダーソンの御三家、それにエディー・フラッシン・フォークスを加えた四人によって確立された音楽である。彼らが安価な中古機材を使い、自宅（ベッドルームスタジオ）で制作した曲を自主レーベルからリリースするとともに、クラブでプレイしたのがはじまりで、現代まで続くテクノ（一九七〇年代に生まれたテクノポップとは違う）というジャンルのルーツとされている。

アシッドハウスは、シカゴのDJピエールが一九八七年、ローランドTB－303という一時代前のアナログシンセサイザーのツマミをランダムに動かし、偶然生みだしたサウンドを使ってつくった楽曲『アシッド・トラックス』が元祖とされている。アシッドとはLSDの俗称。すなわち、LSDでキメたときに感じるような、幻想的な響きを持つハウスミュージックである。

一九八〇年代後半になると、デトロイトテクノとアシッドハウスは、マンチェスターだけでなくロンドンのレイヴァーにも必須のサウンドとなっていく。

マッドチェスターサウンド

しかし、マンチェスターはバンド文化の強い土地柄。ロンドンや地元のレイヴシーンに影響は受けつつも、一味違うロックカルチャーも生まれつつあった。ハッピー・マンデーズ、ストーンズ・ローゼスなど一部のインディーズバンドが、ノーザンソウルを下地にしつつダンスビートを巧みに取り入れた曲をつくり、パーティで踊れるような新しいギターロック、マッドチェスターサウンドを生み出していたのだ。

一九八九年、ファーストアルバムをリリースしたザ・ストーン・ローゼズのブレイクにより、マッドチェスターは世界に知られるムーブメントになっていく。

アーティスティックで繊細なメロディに明るく幻想的、ときに過激な歌詞を乗せた、傲慢な態度のザ・ストーン・ローゼズ。フーリガンチックで、薬の売人がそのままバンドになったようにギャング色が強く、ドラッギーでダンサブルなサウンドのハッピー・マンデーズ。そしてハモンドオルガンを使ったサイケ色の強いサウンドを打ち出したインスパイラル・カーペッツ。以上がマッドチェスター御三家バンドである。

ザ・シャーラタンズ、ジェイムスといったバンドがそのあとにつづき、ボーカリストのイアン・カーティスが自殺した後、ジョイ・ディヴィジョンの残されたメンバーでつくったニュー・オーダーなどの先輩格バンドも波に乗った。

地元のテレビ局、グラナダ・テレビのプロデューサーだったトニー・ウィルソンが興したマッドチェスター系のインディーズレーベル、ファクトリー・レコードは、マンチェスターで一九八二年からハシエンダというクラブを経営していたが、一九八〇年代後半にはここがムーブメントの中心地となっていく。

二〇〇二年にイギリスで制作された『24アワー・パーティー・ピープル』は、トニー・ウィルソンの回顧録をベースとする映画だ。ファクトリー・レコードが一九七八年に創立されてから一九九二年に破産するまでの物語で、マッドチェスタームーブメントとハシエンダのことが仔細に描かれている。映画のタイトルはハッピー・マンデーズの同名曲が由来である。

マッドチェスタースタイル

マッドチェスターのバンドをフォローした若者は、ヒッピー文化にはほとんど興味を持たず、レイヴァーとはまた違うスタイルをつくっていく。マッシュルームカットにトラックスーツなどのスポーツウェア、ダボダボTシャツとデニムやチノ素材の超ワイドなバギーパンツという、ラフでルーズなファッションだ。さらに、頭からかぶるタイプの防寒着であるアノラック、ザ・ストーン・ローゼズのドラマー、レニがいつもかぶっていたコットン製のハット、アディダスのスニーカーなどを身につける者も多かった。

スポーツウェアとワイドなバギーパンツから見てとれるように、マッドチェスターのファッションは、ペリーボーイズやカジュアルズなどワーキングクラス系スポーツカジュアル路線を汲みつつ、さらにルーツをさかのぼり、ソウルボーイズの要素も取り入れていた。

ワーキングクラスが多かったマッドチェスターフォロワーの多くはブランド志向ではなかっ

たが、ハッピー・マンデーズのフロントマンであるショーン・ライダーからの支援を受けて誕生したというギオ・ゴイのように、このシーン専門のブランドも誕生する。

呼び名

マッドチェスターのフォロワーである若者をなんと呼称するかは、少々難しい問題だ。資料によっては、ごろつきを意味するイングランド北部のスラングであるスカリーズとするものもあるし、当時、確かにそう呼ばれる場合もあったが、それより以前、スカリーズはリバプールのフーリガンたちを呼ぶ名前として定着していたので、マンチェスターの若者をこう呼ぶのにはやや抵抗がある。

マッドチェスターという言葉は、一九八九年にファクトリー・レコードからリリースされたハッピー・マンデーズのシングル盤『マッドチェスター・レイブ・オン』に由来するが、ムーブメント全体を指す代名詞として定着するのは後年のことである。ムーブメント真っ盛りの当時はまだマッドチェスターといういい方は浸透しておらず、日本ローカルでは〝おマンチェ〟などとも呼ばれていた。

熱狂

マンチェスター発祥でロック系のマッドチェスターと、イビザ島及びロンドン発祥でダンス系のレイヴは、ひとくくりのムーブメントとして、やがてセカンド・サマー・オブ・ラブと呼ばれるようになる。この呼び名はいうまでもなく、一九六七年夏にサンフランシスコのヘイト・アシュベリーに集い、大きなムーブメントを起こしていたヒッピーたちを指す、サマー・オブ・ラブになぞらえたものだ。

一九八九年六月、ロンドン西郊の飛行機格納庫でおこなわれたウェアハウスパーティ（倉庫での自主パーティ）、サンライズ・ミッドサマー・ナイツ・ドリームは一万一〇〇〇人、同年八月にイングランド南東部のロングウィックでおこなわれた野外レイヴ、サンライズ・アンド・バック・トゥ・ザ・フューチャーは一万七〇〇〇人もの客を動員した。

サンライズ・ミッドサマー・ナイツ・ドリームのポスター

一九九〇年代に入るとマッドチェスターサウンドは、マンチェスターにとどまらず、イギリス中のバンドに影響を与えるようになっていた。

ボビー・ギレスピー率いるグラスゴー出身のプライマル・スクリームは、一九八二年の結成以来、時代の要請に合わせて幾度となく音楽性を変えてきたバンドだが、この時期はマッドチェスターとレイヴの影響を強く受けたダンスナンバーをヒットさせていた。一九九一年に発表したサードアルバム『スクリーマデリカ』はその集大成ともいえるアルバムであり、収録曲の『ドント・ファイト・イット・フィール・イット』は当時の空気感を如実に反映しているナンバーだ。

後にオアシスとともに、ブリットポップの二大巨頭のひとつとなるロンドン出身のブラーも、一九九一年春にリリースしたセカンドシングル『ゼアーズ・ノー・アザー・ウェイ』、及びその曲を収録したファーストアルバム『レジャー』では、音楽性からボーカルのデーモン・アルバーンの服装や髪型に至るまで、完全にマッドチェスターテイストに染まっている。

一九八八年に結成し、一九九〇年代に入ってからブレイクした808ステイトのように、アシッドハウスの影響を受けたマンチェスター出身のテクノバンドも登場する。

しかし一九九一年後半になると、マイ・ブラッディ・ヴァレンタインやライドといった、マッドチェスターの影響下にはない、新しい文脈のロックサウンドであるシューゲイザーの台頭や、アメリカからはじまったグランジのビッグウェーブに押され、マッドチェスター勢は早くも失速していく。

ブリットポップの勃興

マッドチェスタームーブメントが収束後、一九九〇年代中頃からはブリットポップムーブメントが勃興する。代表格は瞬く間に世界的なバンドに成長するオアシスとブラーだ。

ブリットポップは、本来のイギリスらしいロックへの原点回帰が望まれる中で発生したこともあり、音楽的にもファッション的にも、モッズ以降のイギリスのカルチャーの焼き直しが随所に見られた。

ブラーの中心人物で、ロンドンの中流階級出身のデーモン・アルバーンは、フレッドペリーやロンズデール、モッズスーツ、トラックジャケットなどを小綺麗に着こなし、ニューモッズというスタイルを定着させていく。ドレスアップを楽しむニューモッズスタイルは、ドレスダウン的なアメリカのグランジスタイルへの対抗という性格も持っていた。

一方、マンチェスターのワーキングクラス出身であり、同郷の先輩バンドであるザ・ストーン・ローゼズの熱心なファンでもあった、オアシスのノエルとリアムのギャラガー兄弟は、同様にモッズ的なアイテムを好んで着ていたが、ブラーよりも普段着的、ありていにいえば小汚くフーリガン的に着こなしていた点で、ペリーボーイズ由来の感性をより濃く残していたということができる。

レイヴ規制

ドラッグの蔓延が社会問題化していたレイヴは、一九九〇年代に入ってから警察による取り締まりをたびたび受けるようになる。シングル曲『チャーリー』や『エブリバディ・イン・ザ・プレイス』がレイヴァーのアンセムとなったプロディジーの商業的成功が端的に示すように、一九九〇年代前半もイギリス各地でレイヴは盛んに開かれていたが、イギリス国会ではレイヴの反社会性が議論されるようになる。そして、ドラッグ過剰摂取による事故防止や安全上の問題を名目に、レイヴを制限するクリミナル・ジャスティス・アクト法案が国会に提出された。

法案審議中には、レイヴァーによる約十万人規模の反対デモも実施されたが、一九九四年、あえなく成立。以降、イギリス国内では自主的な大規模レイヴがおこなえなくなってしまう。

その後のダンスミュージックシーン

しかし、アンダーグラウンドの小規模なフリーパーティやウェアハウスパーティは以降も開催され、そこから新しいダンスミュージックのトレンドが次々と誕生していった。トランス、ゴアトランス、ドラムンベース、ドリルンベース、ダブステップ、スピードガラージ及びＵＫガラージ、２ステップ、グライムなどは、いずれも一九九〇年代から二〇〇〇年代前半にかけて、イギリスのパーティから生まれた音楽である。

また、クリミナル・ジャスティス・アクト法の規制には引っかからない、プロモーターによる商業レイヴも発展していく。オランダのダンスヴァレー、イギリスのクリームフィールズ、日本のメタモルフォーゼや渚音楽祭、レインボー2000、世界各国でおこなわれるウルトラ・ミュージック・フェスティバルなど、スターDJやミュージシャンを集めた大規模フェスティバルが各地で開かれるようになり、ダンスミュージックの信奉者を増やしていった。

そこに集う若者たちのいでたちは、ヒッピー由来の花柄やサイケ、ボヘミアン・フォークロア調の服から、露出過多の服や水着、ド派手なTシャツや羽根飾り、スパンコールだらけの服や発光アイテムまで、まさに百花繚乱のパーティファッションで、もはやひとくくりのスタイルとしてまとめることは不可能である。

二〇〇〇年代後半頃から、テクノやハウス、トランス、ダブステップ、さらにヒップホップ系のトラップなど、レイヴムーブメント以降の電子楽器を使ったダンスミュージックは、EDM（ELECTRONIC DANCE MUSIC）と総称されるようになり、音楽産業の根幹をなす巨大マーケットに成長している。

1999年7月、ドイツのベルリンでおこなわれた巨大テクノパーティ「ラブパレード」に集まった約100万人の若者（ロイター/アフロ）

PART
24

STREET TRAD

差別から暴動に発展した
アンダークラススタイル

Chav

チャヴ

年代 ／2000～2010年代
発祥 ／イギリス〈マンチェスター、リバプール〉
系統 ／ドレスダウン系　スポーツ系

中心メンバーの属性
階級 ／アンダークラス
人種 ／白人
信条 ／反体制　アウトロー

Chav

二十一世紀の不良スタイル

レイヴムーブメントもマッドチェスターも過去のものとなった後、スキンヘッズやペリーボーイズ、カジュアルズをルーツに持つ、スポーツウェアで身を固めたワーキングクラスの不良集団はどこに行ったのだろうか？

実は今世紀に入ってからも、彼らはリバプールやマンチェスターの街角で、徒党を組んで悪さをつづけていた。

イギリスは、一九九〇年に退陣するまで一二年間にわたって政権を握ったサッチャーが導入した新自由主義により、公営企業の分割民営化と規制緩和が進められてきた。〝小さな政府〟を掲げ、自由競争を最大限に認める市場万能主義は、イギリス経済を活性化させたように見えたが、一般市民のレベルでは、アメリカや日本と同様、勝ち組と負け組の格差が限りなく拡大した。

そんな時代背景もあり、ワーキングクラスよりさらに下のアンダークラスに属する、負け組家庭に生まれた不良少年グループは、かつてのカジュアルズに増して猛威を振るうようになっていた。

メディアはそんな彼らに、不快感や侮蔑的なニュアンスを込めた新しい呼び名を与えた。チャヴである。語源にはふたつの説がある。子どもやガキを意味するロマ（ジプシー）語のチャヴィというのがひとつめ。これには暗に、ロマ族に対する侮蔑の意味も込められている。ふたつめの説はやや後づけの感じはするが、COUNCIL HOUSED AND VIOLENTの略であるというもの。カウンシルハウスとは、イギリス政府が低所得者層に提供している公営住宅のことで、そこに住む乱暴者という意味だ。

また後年になると、服のフードで顔を隠し、犯罪行為をおこなう不良集団として、フーディーズとも呼ばれるようになった。

もちろん本人たちはそんな風に呼ばれるのは不本意だったため、祖先の呼び名を借りて、スカリーズと自称する者も多かった。

チャヴの生態

チャヴのスタイルは、（多くの場合）偽物のバーバリーチェックのキャップを斜にかぶり、白いトレーナーやトラックスーツ、ナイロンブルゾンなどのフードつきスポーツウェアで全身を固め、安っぽいけど派手なゴールドのアクセサリーをジャラジャラつけるというものだ。髪型はスキンヘッズの名残なのか、トップをやや長めに残しつつ、サイドと後ろを極端に短く刈り上げるベリーショートスタイルである。

カジュアルズの時代までには見られなかった要素であるゴールドのアクセサリーは、Bボーイ（パート25参照）からの影響である。チャヴはアメリカのゲットーから発信されるBボーイ文化に強い親和性を感じ、ヒップホップ音楽を好んで聴いた。また彼らは、祖先のスキンヘッズからの伝統を受け継いでルードボーイカルチャーもリスペクトしていたため、ジャマイカ系住人が使うパトワ語をルーツとするスラングを、意識して会話の中で使った。

だがこの時代の彼らは、愛してやまなかったもうひとつのカルチャー、サッカーからは否応なしに遠ざけられている。サッカースタジアムから完全に締め出されたのだ。ヒルズボロの悲劇（239ページ参照）以降、イギリス中のほとんどのスタジアムでは、老朽化した安い立見席が取り壊されてしまった。それに伴い、一九九〇年から二〇〇八年にかけて、サッカーの観戦チケットの平均価格は六倍に上昇、アンダークラスのチャヴは、どう頑張ってもスタジアムへ観戦に行くことなどできなくなってしまったのだ。

差別

貧困家庭で生まれ、まともな教育を受けずに育ち、無職で生活保護を受けながら狭い公営住宅に家族と一緒に住み、暴力や犯罪に手を染める若者。これが典型的なチャヴのイメージだ。運よく職を得たとしても彼らの多くは、スーパーのレジ係やファストフード店員、清掃員など低賃金の短期労働者として働いた。

乱暴者でけんかが絶えず、恐喝や盗みなどの悪さを働くことも多いチャヴは、良識ある大人たちから当然のように白眼視された。それだけならこれまでのどのストリートスタイルにも見られたことなのだが、二十一世紀の〝チャヴヘイト〟は、深刻な差別にまで発展する。

現代のイギリス社会でも、人種やセクシャリティの取り扱いについては非常に慎重になっているのだが、なぜかアンダークラスであるチャヴだけは、あからさまに侮辱してもいい存在として扱われ、嘲笑やいじめの対象になったのだ。もともと人種差別主義者が多い白人アンダークラスのヤツらだから、こっちから差別したって問題ない、と見られていたのかもしれない。メディアはチャヴのひどい日常を大げさに取り扱って嘲り、コメディアンはチャヴのスタイルと行動を真似して笑いをとった。中産階級向けスポーツクラブの格闘技教室では、〝チャヴ撃退コース〟を設けるところもあった。

チャヴの扮装をするウィリアム王子
（撮影者不詳）

一流大学では、恵まれた家庭環境で育った裕福な学生が、蔑みの対象であるチャヴの服装をあえて真似して一夜を過ごす〝チャヴ・ポップ・ダンスパーティ〟というおふざけパーティまで開かれた。二〇〇六年にサンドハースト王立陸軍士官学校で開かれたその手のパーティの中には、ウィリアム王子の姿も見られた。王子は白いトレーナーにゴールドのアクセサリー、そして斜にかぶった野球帽という典型的スタイルでチャヴになりきっていた。王子は仲間たちから、「チャヴの話し方も真似して」とリクエストされたが、それだけはどうしてもうまくできなかったという。

そうした様子を写真つきで掲載した大衆紙ザ・サンは、「王子は実にユーモアのセンスがある」と好意的に論評した。

暴動

二〇一一年八月、鬱積したチャヴのストレスとエネルギーが最悪の形で弾けてしまった。八月四日にロンドン北部の街トッテナムで、二九歳の黒人男性が警察官に射殺されたことをきっかけに、二日後の八月六日、ロンドンのみならずウルバーハンプトン、ウェストブロムウィッチ、バーミンガム、ノッティンガム、ブリストル、マンチェスター、リバプールなどの都市で若者が一斉に暴れだしたのだ。暴動を拡大させたのは、普及したてのフェイスブックやツイッターなどのSNSだった。彼らはスマートフォンを使って状況を発信、確認しあいながら、さまざまな層を巻き込み、暴力の連鎖を煽動した。

第二次世界大戦中の大空襲以来といわれるほどの数の火災がロンドンを襲い、八月一〇日に制圧されるまでに合計五名の死者、二七一〇人の逮捕者が出た。暴動や放火、略奪の容疑で逮捕された暴徒の五割以上は二〇歳未満、七割以上が二五歳未満だった。暴動参加者の人種は、ロンドンでは白人が32パーセント、バーミンガムやノッティンガムでもカリブ系黒人の割合が多かったのに対し、リバプールでは79パーセント、マンチェスターでは69パーセントが白人だったという。イングランド北部の街では、発端の事件には直接関係のない白人アンダークラスの若者、つまりチャヴがこの機に乗じて大暴れしていたという構図が透けて見える。

分断社会で今も生きるチャヴ

分断社会の問題の大きさを白日の下にさらしたこの事件を機に、イギリスのアンダークラスやワーキングクラスの声はいよいよ無視できないものになっていく。二〇一六年、国民投票で決定されたブレグジット(欧州連合EUからのイギリス脱退)は、彼らの声が反映された結果だといわれたことは記憶に新しい。EUから離脱したら英国経済は大混乱するといった経済的な脅しが、もともと貧困で苦しむ彼らには通用しなかったのだ。

二〇一八年現在、そのいでたちはバーバリーチェックやゴールドアクセサリーなど派手なアイテムの流行が終わり、ややシックなスポーツウェアを多用するスタイルへと変わったが、チャヴはいまだ健在である。

PART
25

STREET TRAD

果てしなく発展するゲットー発の
アメリカンブラックカルチャー

B-BOY

Bボーイ

年代 ／1980〜2010年代
発祥 ／アメリカ〈ニューヨーク〉
系統 ／ドレスアップ系　音楽系　ダンス系

中心メンバーの属性
階級 ／アンダークラス
人種 ／黒人
信条 ／左派　反体制

B boy

アフリカ・バンバータ

一九七〇年代初頭、ニューヨーク、サウスブロンクスの黒人コミュニティから生まれたカルチャーがヒップホップである。

ヒップホップという言葉の名づけ親は、一九七〇年代から音楽活動をしていたブロンクス出身のミュージシャン・DJ、アフリカ・バンバータである。ヒップスターやヒッピーの語源でもあるヒップは、〝先端的〟あるいは〝かっこいい〟という意味のスラング。ホップは〝ぴょんと跳ぶ〟という意味だ。

今日、単にヒップホップという場合、バックトラックにラップを乗せた音楽のみを指すことが多いが、一九七四年にアフリカ・バンバータが提唱した定義によると、黒人による弾けるような文化の総称がヒップホップである。

ヒップホップの定義

ヒップホップカルチャーには、四大要素が含まれるとされる。DJ、ラップ（あるいはMC）、グラフィティアート、そしてブレイクダンスである。Bボーイの「B」は、黒人を指すブラックの頭文字であると誤解されがちだが、本来はブレイクダンスの頭文字で、後述するブレイクビーツを発明したＤＪ、クール・ハークが名づけ親とされる。

ヒップホップカルチャーのこれらの要素は、治安が悪かったブロンクス地区におけるストリートギャングの抗争がルーツにあるといわれている。対立するグループ同士が銃撃戦などで血を流して争うことを未然に防ぐため、ラップやブレイクダンスの優劣で競いあったのである。

スプレーやフェルトペンを使って描かれるグラフィティは、ギャングの縄張りの主張や情報交換のために、街の壁面や地下鉄などに描いた暗号や集団のマークがルーツとされている。街中でグラフィティを描くことをボムといい、描き手はライターやペインターと呼ばれた。グラフィティの中でも初期からあった個人や集団のマークを描くことは、タギングと呼ばれる。

２００９年のＤＪクール・ハーク
(Ralf Heid/FLICKR)

1972年、ニューヨークの地下鉄
(AP/アフロ)

ブレイクビーツの誕生

四大要素の中で一番古くからあるのは、自然発生的に生まれたグラフィティ、つづいて、当初は足を動かす速さを競いあうスタイルであったブレイクダンスである。ＤＪとラップが登場するのはその少し後だ。

音楽をセレクトして聴衆に提供するＤＪ（ディスクジョッキー）という職業は古くからあるが、ヒップホップカルチャーとしてのＤＪの元祖は、一九七〇年代後半からブロンクスで活動していた前述のジャマイカ出身ＤＪ、クール・ハークである。

クール・ハークは一八歳だった一九七三年、同じ設定のターンテーブルをふたつ並べ、同じレコードを二枚同時にプレイすることによって、ドラムやベース演奏のフレーズを再構成することに成功。後にこれはブレイクビーツと呼ばれ、ヒップホップ音楽の基盤となった。彼のこの功績により、ＤＪは単に音楽をかける人ではなく、レコードを使って新しい音楽を再生産するミュージシャンに格上げとなったのである。

ヒップホップミュージック

ブレイクビーツの元となる曲は、一九七〇年代から一九八〇年代にリリースされたファンク、ソウル、ジャズ、ラテン、ディスコミュージック、R&Bなどさまざまで、前奏や間奏のフレーズをDJが編集し、BPM110〜135のトラックに組み直された。

創始者がはっきりしているヒップホップDJとは違い（もっとも、アフリカ・バンバータもブレイクビーツの創始者は自分だと主張しているが）、ラップの創始者は判然としない。ルーツは、グリオという西アフリカの伝統的な口承文化であるとも、一九六〇年代から活動しているザ・ラスト・ポエッツやギル・スコット・ヘロンといったミュージシャンがおこなっていた、ビートカルチャーに影響を受けたポエトリーリーディングであるとも、一九六〇年代から黒人の間でおこなわれてきた、汚い言葉を使って相手をやり込める口げんか遊び、ダーティダズンであるともいわれている。

いずれにしても、唱法としてのラップは、似た言葉や語尾が同じ言葉を繰り返して韻を踏むのが特徴で、メロディはほとんど使わず、しゃべり言葉に近い抑揚をつけて歌う。

黎明期〜初期のヒップホップカルチャーは、一九八三年に公開されたアメリカ映画『ワイルド・スタイル』を観るとよく理解できる。サウスブロンクスを舞台に、実際のグラフィティライターやダンサー、DJ、ラッパーなどが多数出演するこの映画は、ヒップホップが生まれる瞬間を鮮明に伝えた金字塔的作品として知られている。

オールドスクール

スクラッチというDJ技法が生まれた後の一九七九年、ニューヨークのファンクバンド、ファットバックの『キング・テイムⅢ』と、ニュージャージー出身のラッパー、シュガーヒル・ギャングによる『ラッパーズ・デライト』がほぼ同時に発売された。これが、レコーディングされた最初のヒップホップミュージックとされている。『ラッパーズ・デライト』はビルボードのトップ40に入ったものの、シュガーヒル・ギャングはゲットー出身者ではなかったため、ヒップホップカルチャー中心部の若者からは部外者扱いされた。

同年、ハーレム出身のグランドマスター・フラッシュ・アンド・ザ・フューリアス・ファイブとカーティス・ブロウがつづいて曲をリリース。カーティス・ブロウの『クリスマス・ラッピン』は全米チャート三〇位入りのスマッシュヒットとなる。

ヒップホップミュージックは、折からアメリカ中で大流行していたディスコミュージックに影響を受けながら、それへの対抗心も内包しつつ発展した。ディスコミュージックもソウルやファンクをベースにする黒人音楽だが、ディスコは中産階級のもので、ヒップホップを志向するゲットー出身者としては複雑な心境だったのだ。

一九七〇年代前半から一九八三年頃までのヒップホップは、オールドスクールに分類される。

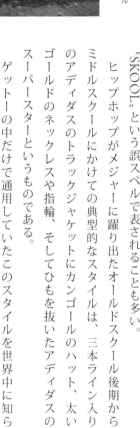

ミドルスクール

ヒップホップのスタイルは一九七〇年代前半から一九八三年頃のオールドスクール、一九八四年頃から一九八七年頃のミドルスクール、そしてそれ以降のニュースクールに分けられる(オールドスクールとミドルスクールをまとめて、オールドスクールという場合もある)。スクールというのは学校ではなく、〝流派〟や〝主義〟という意味だ。どちらも本来のスペルは〝SCHOOL〟が正しいが、ヒップホップカルチャーではあえて〝SKOOL〟という誤スペルで表されることも多い。

ランDMCの12インチシングル『ウォーク・ディス・ウェイ』

ヒップホップがメジャーに躍り出たオールドスクール後期からミドルスクールにかけての典型的なスタイルは、三本ライン入りのアディダスのトラックジャケットにカンゴールのハット、太いゴールドのネックレスや指輪、そしてひもを抜いたアディダスのスーパースターというものである。

ゲットーの中だけで通用していたこのスタイルを世界中に知らしめたのは、一九八三年にデビューした三人組ヒップホップグループ、ランDMCである。一九八六年、ハードロックの名曲であるエアロスミスの同名曲をモチーフにした『ウォーク・ディス・ウェイ』が大ヒット。同曲が収められているサードアルバム『レイジング・ヘル』も二百万枚の売り上げを記録し、ヒップホップカルチャーが生んだ最初のメジャースターとして、世界中に知られる存在となる。そして彼らが常に着ていた前述のような服装が、典型的なヒップホップスタイルとして認知、定着したのである。

この頃のヒップホップカルチャーを知るには、一九八五年に制作されたアメリカ映画『クラッシュ・グルーブ』を観るのがおすすめだ。内容は、ラッセル・シモンズとリック・ルービンによって一九八四年に設立され、瞬く間にアメリカを代表するレコードレーベルとなったデフ・ジャム・レコーディングスの初期の実話に基づいた物語。デフ・ジャムには、カーティス・ブロウ、ランDMCをはじめ、ビースティ・ボーイズ、LL・クール・Jなど、当時のヒップホップシーンをけん引した重要なメンツが所属していた。

ピンプスタイル

オールド〜ミドルスクールのBボーイスタイルのルーツは、一九七〇年代初頭に人気を博したファンクにある。特にゴールドを多用するケバケバしい装飾は、裕福になってゲットーから抜け出した黒人の成功の証であり、とにかく目立つようなファッションを良しとしたファンクミュージシャンをお手本にしている。

そしてファンクミュージシャンの服装は、一九七〇年代初頭にスラム街の黒人の間で流行った、ピンプと呼ばれるスタイルがベースになっている。ピンプというのは、いわゆるポン引きを意味するスラング。手段を選ばずに金儲けをした彼らが、裕福になったことをアピールするために身につけた、ケバケバしくてエロティックな服装がピンプである。

金回りの良さをアピールするというのは、当時、白人の間で流行していたヒッピースタイルとは対極をいく価値観である。黒人として独自のアイデンティティをアピールするとともに、白人に対する対抗意識もあったのであろう。ドレスアップをして見返してやろうという黒人の精神性は、戦前のズーティーズ時代からほとんど変わらぬものでもある。

ピンプ及びファンクミュージシャン、そして彼らを模倣する街のごろつきたちは、スウェードや蛇革など高価な素材を使った派手な服を着て、ピンプモービルと呼ばれる派手に装飾した大型の高級車を乗り回した。

ギャング性のアピール

こうしたピンプスタイルに、ジャージやスニーカーなどブレイクダンスをするのに適したスポーティな要素を組み合わせて成立したのが、初期のBボーイスタイルだったのだ。

裕福であることや成功したことをアピールする精神性は、以降もBボーイ文化の根幹をなすものとなる。洋服やスニーカーなども、おろしたてのようになるべくきれいなまま着るのがクールとされたし、キャップやサングラスに貼られたステッカーを剥がさずそのまま身につけるのも、高価な新品であることをアピールするという目的ではじめられたといわれている。

また、スニーカーをひもなしで履くのは、刑務所に入れられたとき、逃走防止の目的でひもを抜かれることに着想を得た悪ノリスタイルである。ムショ帰りであることをアピールするのも、ゲットーのギャングたちの間ではステイタス維持のために必要なことだったのだ。

ランDMCのほかにも、一九八四年のヒット曲『ロクサーヌ、ロクサーヌ』で知られるUTFO、後に俳優としても成功するLL・クール・J、テクノ的手法を多用したダンサブルなヒップホップで次世代への架け橋となったフーディニらのラップアーティストたちが、続々メジャーシーンで活躍していった。

ニュースクール

ニュースクールと呼ばれるのは、一九八〇年代後半から一九九〇年代前半に発達したスタイルである。フーディニとともにパブリック・エナミーがミドルスクールとニュースクールの架け橋的な存在となった。音楽面では革新的な作品が多く生み出され、ヒップホップミュージックが著しく発展した時期であることから、ゴールデンエイジとも呼ばれている。

この時期、ヒップホップに特化したデフ・ジャム・レコーディングスは躍進を遂げている。一九八八年には、DJジャジー・ジェフ・アンド・ザ・フレッシュ・プリンス（ザ・フレッシュ・プリンスは後のウィル・スミス）が、ヒップホップミュージックとして初のグラミー賞を受賞。ほかにもデ・ラ・ソウル、ア・トライブ・コールド・クエスト（ATCQ）、リーダーズ・オブ・ザ・ニュースクールらがメジャーシーンで活躍した。

ニュースクールのBボーイスタイルは、オールドスクールに比べるとおとなしめになった。アクセサリーはシルバーやレザーが中心で、ビッグサイズのTシャツやショートパンツ、フード付きのスウェットやオーバーオール、バギーのブリーチジーンズなどが好まれ、パンツは必ず腰穿きだった。

腰穿きや極端なビッグサイズの服も、実は囚人服と関係がある。刑務所や留置所の中では逃走やけんかを防ぐため、自由な動きを封じる目的で必要以上に大きめのサイズの服が用意され、ベルトの使用は許されなかったのだ。

また異様なほど華美に着飾ったオールド〜ミドルスクールと比べ、落ち着いた服装をするようになったのは、目立つゴールドのチェーンや指輪の強奪事件が相次いだためだといわれている。

西海岸のギャングスタ

オールドスクール〜ニュースクールは、ヒップホップ発祥の地であるニューヨークを中心とした東海岸で発達した文化だが、一九九〇年代に入る頃、ロサンゼルスを中心とした西海岸側でも独自のBボーイ文化、ギャングスタスタイルが発達する。

一九八八年にカリフォルニア州コンプトンのグループN.W.A.が発表したアルバム『ストレイト・アウタ・コンプトン』が、ギャングスタラップの嚆矢とされている。西海岸のストリートのハードな現実を、放送禁止用語連発の過激な言葉で表現したN.W.A.のラップは、爆発的な支持を集める。そしてN.W.A.からソロデビューしたドクター・ドレーは一九九一年、西海岸初のヒップホップレーベル、デス・ロウ・レコーズを設立した。

音楽的には、東海岸ではジャズトラックを使用した楽曲が多かったのに対し、西海岸ではパーラメントとファンカデリックが確立した、ファンクのサブジャンルであるPファンクなどをサンプリングし、シンセサイザーなどの電子音を取り入れたトラックが多くつくられた。そこにギャングのライフスタイルを歌詞にしたラップを乗せるというのが、ギャングスタヒップホップの特徴だ。

ドクター・ドレーのデス・ロウ・レコーズからは、スヌープ・ドッグ、2パックら新しいスターが輩出され、西海岸ヒップホップの中心地となった。

ギャングスタのファッションは、オーバーサイズの服やパンツを腰穿きにする点などは東海岸と共通していたが、黒を基調としたクールな強面のスタイルが大きな特徴である。東海岸のスポーツアイテムとは違い、使われるのはベンデイビスやカーハート、ディッキーズなど、老舗のワークブランドのアイテムが中心。イエローブーツと呼ばれる、ティンバーランドのワークブーツが非常に好まれ、ギャングスタを象徴するアイテムとなった。

また、同じ西海岸発祥のカルチャーであることから、スケーター（パート26参照）やグランジ（パート27参照）との共通性も随所に見られる。ステューシーやX《エクストラ》ラージなどのスケーター御用達ブランドも人気があったし、ネルシャツを着るのも西海岸ならではのBボーイスタイルだ。

だが、古着を好み、だらしなく重ね着するスケーターやグランジとは違い、Bボーイは新品のシャツを第一ボタンまできっちり留め、なるべくきれいに着るのがクールとされた。ベースボールキャップやワッチキャップ（ビーニー）も、西海岸Bボーイスタイルの特徴のひとつである。

東西の抗争

一九九〇年代には、東海岸と西海岸のヒップホップスター同士の抗争が勃発。東海岸を代表するレーベル、バッド・ボーイ・エンターテインメントと、西海岸を代表するデス・ロウ・レコーズとの対立が深刻化し、アーティストたちはお互いを威嚇し、ラップで中傷しあった。やがてギャングやマフィアを巻き込む大抗争へと発展、一九九六年には2パック、一九九七年にはノートリアス・B.I.G.という両海岸を代表するスターが銃撃事件で失われた。

ことを重く見たドクター・ドレーが尽力し、事態は鎮静化したが、二〇〇二年にはランDMCのDJジャム・マスター・ジェイが射殺されるなど、その後もヒップホップ界のいざこざは続く。

発展するBボーイカルチャー

しかしBボーイの文化及びヒップホップミュージックは、二十一世紀のアメリカのみならず、世界の中心的なカルチャーに発展していった。人材の裾野も広がり、ブルックリンの貧困家庭出身という旧来のイメージ通りのラッパーであるJAY-Zから、シカゴ出身でジャーナリストの父と大学教授の母を持ち、美大に通いながら音楽活動をしていたインテリのカニエ・ウェスト、ドクター・ドレーに見出され、一気にスターダムにのし上がった白人ラッパーのエミネム、バージニア州バージニアビーチ出身で一五歳のときからオリジナル曲を制作していた天才肌のファレル・ウィリアムスなど、才能豊かなスターが続々と登場。黒人主導の先鋭的なカルチャーを発信しつづけていく。

ラグジュアリーストリート

二〇一〇年代には、カニエ・ウェストのクルーから、ファッション界に旋風を巻き起こす人物も登場する。大学院で建築学を学び、博士号も持つヴァージル・アブローだ。ヴァージルは、大学を出た後、建築関係の仕事に従事していたが、ともにシカゴ出身で友人だったカニエのスタッフとなり、二〇〇二年からツアーの物販やスタイルアドバイザー、アルバムカバーやステージのデザインなどの仕事をしてきた。

ヴァージルは二〇一二年、パイレックス・ヴィジョンという動画プロジェクトを立ち上げ、ユーチューブにアップするとたちまち評判となり、パイレックス・ヴィジョンをブランド化して売り出すことになる。ナンバリングや絵画モチーフ、そしてレイヤードが特徴のパイレックス・ヴィジョンの服は、カニエ・ウェストをはじめJAY－Z、エイサップ・ロッキー、クリス・ブラウンなどの人気ヒップホップアーティストがこぞって着用し、ストリートでも人気が爆発した。

パイレックス・ヴィジョンは二〇一五年からブランド名をオフホワイトに変え、さらに洗練された高品質なストリートアイテムを提案。そして二〇一八年、ヴァージルはルイ・ヴィトンのメンズデザイナーに就任する。彼が提唱したハイファッションに街の気分をミックスする〝ラグジュアリーなストリートウェア〟が、モード界の頂点を極めることになったのである。

PART
26

現在のストリートウェアの
基本を築いた西海岸スタイル

SKATER

スケーター

年代／1970～2010 年代
発祥／アメリカ〈ヴェニスビーチ〉
系統／ドレスダウン系　スポーツ系

中心メンバーの属性
階級／ワーキングクラス
人種／白人
信条／穏健左派

SKATER

前史

スケートボードの起源にはふたつの説がある。ひとつは、ローラースケートのタイヤを外し、板に取りつけたという説。もうひとつは、子ども用の木製四輪キックスケーターからハンドルを取り外したものだという説である。

一九八五年公開の映画『バック・トゥ・ザ・フューチャー』では、一九五五年の世界へ行ったマイケル・J・フォックス演じる主人公のマーティが、子どもから借りたキックスケーターのハンドルを外して乗りこなし、ドナルド・トランプがモデルといわれる敵役・ビフを翻弄した末にやり込めるシーンが出てくるが、これはスケートボードの起源に関心を持っていた制作者の演出であろう。

いずれにしてもサーファーになりたいのに海が近くになかったり、寒すぎたり、車がなかったり、泳げなかったり、お金がなかったりした者が、車輪付きの板をサーフボードに見立て、ストリートで乗り回しはじめたのが最初のようだ。

これに目をつけたカリフォルニアのローラースケートメーカー、ローラーダービー社が一九五〇年代半ば、〝ローラーサーフィン〟という商品名で世界初のスケートボードを発売する。一九六〇年代にはカリフォルニアのサーファーがこれを使い、サーフィンをイメージしながら遊び出したことから、スケートボードは人気スポーツになっていく。

コントロールしやすく小回りが利くスラローム用スケートボードや、スケート用の台であるランプが開発された一九七〇年代に入ると、現代につながるプレイスタイルやトリック（技）が開発され、競技会なども頻繁に開催されるようになっていく。

しかし、まだその頃のスケートボードは、いつかはサーフィンをやりたいと願っている少年が一度は手を出す遊びに近いスポーツにすぎず、ライフスタイルと呼ばれるほどのカルチャーを伴ったものではなかった。

Z－BOYS

やがてスケートボードは、大人から危険でうるさい乗り物として認識され、公の場での使用が禁止されるようになっていく。しかし、こうした良識的な社会からの排除こそが、ストリートスタイルの誕生を後押しするものである。一九七〇年代半ばになると、西海岸でストリートから沸き起こるように、スケートボードブームがはじまった。

先導者は一九七五年のカリフォルニア・ヴェニスビーチで、ゼファーというサーフチームから分離して結成されたスケートボードチーム、Z－BOYSである。ヴェニスは当時、ギャングや麻薬の売人が跋扈する危険な街で、警官がひっきりなしにパトロールしていたために、ドッグタウンという通称で知られていた。

Z－BOYSのメンバーは、一九六〇年代から進歩がなかった平地での逆立ちやウィリーなどの技に飽き足らず、サーフィンの技を取り入れ、左右交互に重心移動を繰り返すことによってウィール（車輪）を加速させるポンピングや、地面に手をついて体を支え、ウィールをスリップさせて180度転回するスライドターンなど、型破りなスケーティングテクニックを開発し披露した。

坂道が続く大きな駐車場や、水を抜いたすり鉢状のプールも、彼らにとってはかっこうのスケートスポットとなった。公の場から締め出されつつあった遊びとしてのスケートボードを、社会への反逆カルチャーとしてストリートに引き戻したのが彼らだったのだ。

Z－BOYSをより深く知るためには、二〇〇五年に制作されたアメリカ映画『ロード・オブ・ドッグタウン』が必見である。

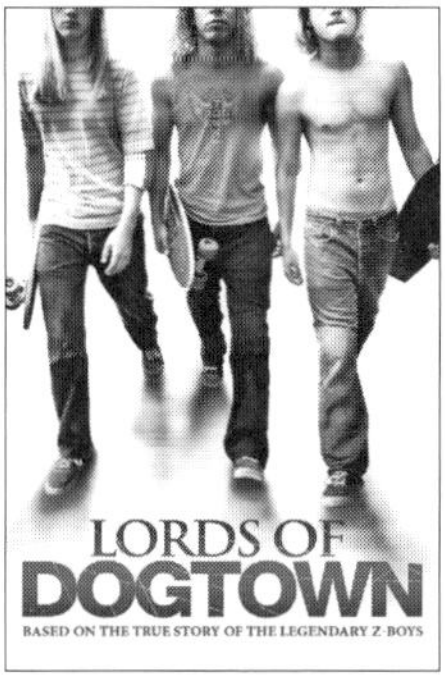

『ロード・オブ・ドッグタウン』DVD

スケータースタイルの誕生

Z－BOYSのスケートテクニックとライフスタイル、そしてファッションは若者たちの憧れの的となり、後のスケーターのひな型となっていく。

サーファーを中心にして結成されたZ－BOYSのファッションは、一九七〇年代西海岸のサーフスタイルを踏襲するスポーティなものだった。アクションがとりやすいようにややオーバーサイズ気味で派手な柄のTシャツやネルシャツ、ボトムスはバギーパンツあるいはリーバイスのデニム。足元はヴァンズのオーセンティックというのが基本スタイルだ。スケートの大会で彼らは、ヘヴィメタルバンドのブラック・サバスなどによるハードな楽曲をBGMに、長髪をなびかせて超絶的な技を披露した。

この頃のスケーターは、サーファー御用達だったOP（オーシャンパシフィック）、オフショア、クイックシルバー、ガッチャ、ビラボンなどのショップでアイテムを買い揃えていた。

一九八〇年代

一人一人の個性が強すぎたZ－BOYSは、結成からわずか数年でチームとしては終焉を迎えることになるが、一九八〇年代に入ると、元Z－BOYSのメンバーがまた違う形でスケートカルチャーをけん引していく。トニー・アルバが設立したアルバスケートを筆頭に、ジム・ミューアのドッグタウン・スケートボーズ、ステイシー・ペラルタのパウエル・ペラルタなど、ストリートテイストなスケートブランドの活動が活発になっていくのだ。

一九八一年には、サンフランシスコで初のスケート専門雑誌『THRASHER』が創刊され、スケートボードブームが本格化。この頃からスケーターは、サーファーと完全に分離して独自のカルチャーを築きはじめたといえるだろう。

そして一九八〇年代には、パウエル・ペラルタ社のプロスケートボードチームであるボーンズ・ブリゲードが一世を風靡。スティーブ・キャバレロ、ランス・マウンテン、マイク・マクギル、トニー・ホーク、ロドニー・ミューレンなど新たなスケートヒーローを続々と輩出し、折から増殖していた世界中のスケーターに影響を与えていく。街にある段差や壁、ベンチ、階段や手すりなどを使う、その後のストリートスケートの基本スタイルは、彼らによって確立された。

チームの中でも特に個性が際立っていたのは、現在はミュージシャンやアーティストとしても名高い、最年少メンバーのトミー・ゲレロだ。『フューチャー・プリミティブ』、『ザ・サーチ・フォー・アニマル・チン』、『パブリック・ドメイン』、『バン・ディス』など、一九八〇年代にパウエル・ペラルタ社が制作した映像作品には、チームメンバーとともにサンフランシスコの街並みを滑り抜けていく若きトミー・ゲレロの姿を見ることができる。

これらの映像作品を観れば、スケーティングテクニックとともに、当時のスケーターのスタイルを知ることもできる。オーバーサイズ気味のTシャツやスウェット、バギーパンツあるいはリーバイスのデニムといった基本アイテムに変わりはないが、『THRASHER』のロゴTシャツやスカル柄のバンドTシャツなどが目立つのが、この時代の特徴といえるだろう。

音楽

難易度の高いトリックをキメるためには、地道な練習とともに、ここ一番でのアグレッシブな気持ちも必要だ。そのため、スケーターの間では気分を高揚させるような、激しく疾走感があり、攻撃的な音楽が好まれた。一九七〇年代のスケーターはハードロックやヘヴィメタルをBGMにしたが、社会からの疎外感や反抗精神という点からも、一九八〇年代のスケーターの心に突き刺さった音楽は、ミスフィッツやバッド・ブレインズ、ブラック・フラッグ、マイナー・スレット、ビースティ・ボーイズなどのUSハードコアパンクだった。

特に、Z-BOYSのメンバーであったジム・ミューアの弟、マイク・ミューアを中心に一九八二年に結成されたハードコアバンド、スーサイダル・テンデンシーズは、スケーターの申し子のようなバンドだった。

一九八〇年代半ばには、ハードコアパンクとヘヴィメタルの融合であるスラッシュメタルが誕生し、アンスラックスやメタリカ、メガデス、スレイヤーといった人気バンドが登場。スラッシュメタルもスケーターから絶大な支持を集め、別名スケートロックとも呼ばれるようになっていく。

一九八〇年代のスケートボードの裏面に、ハードコアパンクやスラッシュメタルのレコードジャケットのような、おどろおどろしいグラフィックが描かれることが多かったのは、こうした理由によるものである。

一九八〇年代スケータースタイル

USハードコアパンクやスラッシュメタルシーンと結び付いたことで、スケーターのスタイルには幅が生まれてくる。サーファー臭は一層薄れ、ロックテイストの要素が好まれるようになっていくのだ。

オーバーサイズ気味の古着のランバージャックシャツやネルシャツをTシャツの上に重ね着、あるいは長袖Tシャツの上に半袖Tシャツを重ね着し、ショートパンツや極太のバギーパンツを穿くというスタイルが基本である。

そして、スケーターに支持される新興ブランドも登場する。一九七〇年代中頃から南カリフォルニアのニューポートビーチやラグナビーチで、サーフボードのシェーパーをしていたショーン・ステューシーが一九八〇年に設立したブランド、ステューシーである。独創的なサーフボードでカルトな支持を得ていたショーンは、サーフィン関連用品の展示会会場で着るため、自分のサーフボードに綴っていたロゴやグラフィックをプリントしたTシャツをつくる。それがこのブランドのはじまりである。

当初は常連客と、サーフィン仲間である地元の友人にTシャツを販売したり配ったりする程度だったが、徐々にバリエーションを増やしつつあった一九八五年頃、彼のつくるイージーパンツやスカル柄のウェアが、スケーターの目にとまった。サーファーでありながらクラブ好きで、パンクとヒップホップに影響を受けたショーンの感性が、サーフィンカルチャーと分離しつつあったスケーターの志向とがっちりかみ合ったのである。

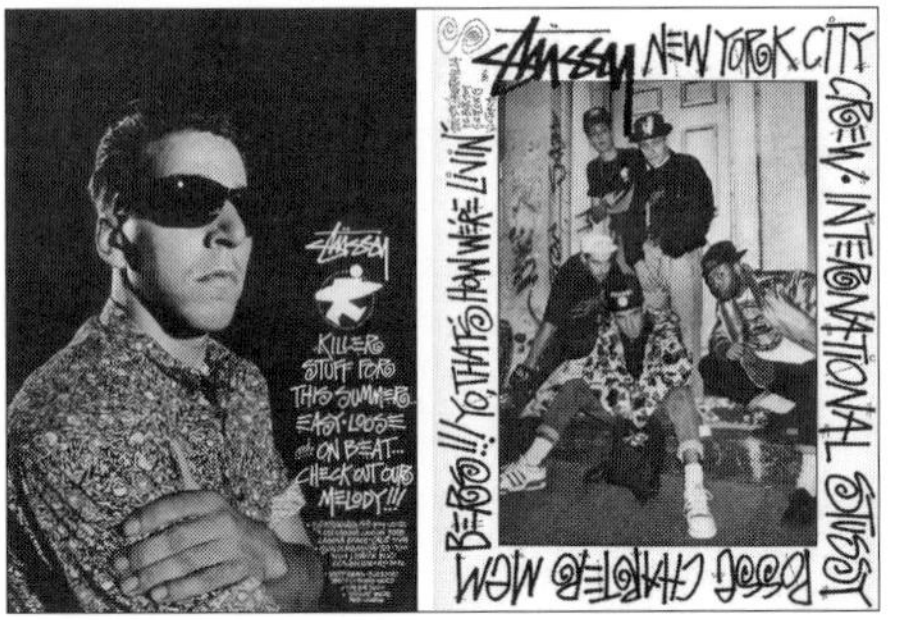

1980年代のステューシーの広告

一九九〇年代に入ると、ステューシーはサーファーやスケーター専用にとどまらず、ストリートウェアブランドとして幅広い支持を集めるようになる。一九九〇年にはニューヨークのソーホーにチャプトをオープン。その後、東京、ロサンゼルス、ロンドン、イタリアなどにも進出し、ワールドワイドな展開をはじめる。

シューズブランド

激しいトリックをキメるスケーターにとって、最も重要なファッションアイテムはシューズである。スケートシューズは、通常のスポーツ用スニーカーや街履き用スニーカーより、格段に高い堅牢性が求められる。硬いコンクリートの地面に繰り返し着地するスケートボードから伝わる衝撃は、他のスポーツとは比較にならないほど大きいためだ。

一般的なスケートシューズは、アッパー部分が全体に二重構造になっていたり、スケートボードのグリップテープと摩擦が起こる部分は特に頑丈な補強がされたりしている。また、着地時の衝撃を吸収しやすいようにインソールにも工夫が施され、体になるべく負担がかからないような構造になっている。

スケートシューズのオリジネイターブランドはヴァンズである。一九七七年、Z－BOYSのメンバーだったトニー・アルバやステイシー・ペラルタらによってデザインされたエラというモデルは、スケーターから圧倒的な支持を受けた。エラは現在でも販売され、スケーターにとっては定番中の定番となっている。

スケートシューズマーケットで先行したヴァンズは、スケーター人口の増加に伴い、専門ラインであるオフ・ザ・ウォールを設立。スケートボードでプールの端から空中に飛び出すことを意味する〝オフ・ザ・ウォール〟とは、Z－BOYSが広めたスケーターのスラングで、「頭のいかれたヤツ」というような意味を持っている。

ヴァンズは翌一九七八年に、SK8-HI（スケートハイ）というハイカットモデルも発売。これが飛ぶように売れ、スケートシューズといえばヴァンズという構図が確定的になった。

その後しばらくの間は、ほぼヴァンズの独壇場だったが、一九八六年になるとスケーター専門メーカーであるエアウォーク社が誕生。機能性とデザインで注目され、人気ブランドとして成長していく。また、同年設立され、翌年にシューズ部門がつくられたヴィジョン社のシューズも、多くのスケーターの支持を集めた。

その他、設立順に代表的なスケートシューズブランドを並べると、エトニーズ、DC、DVS、エメリカ、エス、ラカイ、ハフ、フォールン、ヴォックスなどがある。大手メーカーもこの市場を黙って眺めているわけにはいかず、二〇〇二年にはナイキ、二〇〇六年にはアディダス、そして二〇一三年にはニューバランスもスケートボード専門のレーベルを発足させている。

ヴァンズ スケートハイ
(Iam eason/FLICKR)

その後

一九九一年にはロサンゼルスで、ハードコアパンクからヒップホップへと鞍替えした白人三人組グループ、ビースティ・ボーイズのメンバーであるマイクDが設立に参加したスケーターブランド、Xラージが誕生。一九九四年にはニューヨークでステューシーのショップを運営していたジェームス・ジェビアが新ブランド、シュプリームを設立する。ステューシーを含め、一九九〇年代後半から現在までのストリートシーンに君臨する御三家ブランドは、いずれもスケーターカルチャーから誕生したのである。

同時期のアメリカ音楽界では、ニルヴァーナを中心とするグランジのブレイクが起こったが、グランジのネルシャツ重ね着スタイルというのは、基本的に一九八〇年代から受け継がれてきたスケーターのスタイルを踏襲したものだ。

そして一九九三年には、世界中で再びスケートボードの大きなブームがはじまる。その後、二十一世紀の今日に至るまで、スケートボードは幾度となくブームを繰り返し、スケーターファッションは若者のベーシックなスタイルとして定着しているのである。

1980年代のスケートボード
(FRANK BOSTON/FLICKR)

PART
27

モード界まで揺り動かした
カリスマの普段着

GRUNGE

グランジ

年代 ／1990年代
発祥 ／アメリカ〈シアトル〉
系統 ／ドレスダウン系　音楽系

中心メンバーの属性
階級 ／ワーキングクラス
人種 ／白人
信条 ／穏健左派

GRUNGE

シーンの形成

グランジもまた音楽が先行して流行を形づくった、一九九〇年代のストリートスタイルである。

一九八七年、アメリカ西海岸ワシントン州の都市アバディーンで、ボーカル兼リードギターのカート・コバーンを中心に結成されたニルヴァーナは、一九八九年、シアトルのインディーズレーベルであるサブ・ポップからファーストアルバム『ブリーチ』を発表する。

一九九一年八月二三日、メジャーレコード会社からの新作発表を間近に控えたタイミングで、イギリスの大型野外ロックイベントであるレディングフェスティバルに出演したニルヴァーナは、圧倒的な存在感を放った。

ボロボロのブリーチデニム、イギリスの音楽雑誌『サウンズ』のロゴTシャツ、茶色の革ジャケットというありふれたいでたちでステージに登場したカートは、約四〇分に及ぶ圧倒的な演奏の後、ギターを抱えたままドラムセットにダイブするというパフォーマンスを見せた。

そして翌月にシングル曲『スメルズ・ライク・ティーン・スピリット』と、同曲を収録したセカンドアルバム『ネヴァーマインド』がリリースされると、アメリカ音楽界は異様な熱気に包まれることになる。

オルタナがメジャーに

オルタナティヴロックとも呼ばれるグランジは、一九七〇年代以降のガレージロックやハードロック、パンク、ポストパンク、ハードコアパンクを下地とする荒々しく重たいサウンドで、ポップではあるがマイナースケールを多用した陰鬱な雰囲気が色濃く、マニアックなインディーズ系の音楽にすぎないと目されてきた。

しかしニルヴァーナの『ネヴァーマインド』とともに、パール・ジャムのファーストアルバム『テン』、サウンドガーデンのサードアルバム『バッドモーターフィンガー』、マッドハニーのサードアルバム『エブリ・グッド・ボーイ・ディザーブズ・ファッジ』、スマッシング・パンプキンズのファーストアルバム『ギッシュ』がリリースされた一九九一年は、まさにグランジ元年となった。

これらのアルバムは予想を大きく上回るセールスを記録し、グランジがロックのメインストリームとなってしまったのである。

普段着のカリスマ

中でも、『ネヴァーマインド』は別格だった。ビルボード一位に君臨し、発売後九週間で百万枚の売り上げを達成（最終的には全世界で三千万枚超）、一九九二年のMTV大賞では二部門を受賞し、グランジは一気に世界的なトレンドとなるのである。

カート・コバーンはスターダムへと駆け上がり、絶大な人気を集めた。そして、ステージにあがる彼の、一見だらしないような服装が耳目を集めるようになる。

もっともカート・コバーンの服装は、当時のアメリカ、特に西海岸側の若者のごく一般的な服装であった。お金がなく、街で仲間たちとスケートボードに乗ってダラダラと遊んでいるような、普通の若者スタイルだったのである。

革ジャンを着るわけでも髪を逆立てるわけでも、派手なアクセサリーをつけるわけでもなく、朝起きて着替えたままの普段着で、ふらっとステージにあがるカート・コバーンがスターになったため、彼の普段着ファッションにグランジルックという名がつき、それがかっこいいものとして流行していくのだ。

1989年のカート・コバーン
（Iconipix/アフロ）

特筆すべきなのはカート・コバーンの服装をグランジと呼びはじめたのはファッション雑誌だったことだ。当初はまだ、彼らのような音楽スタイルには決まった名称がなく、パンクのリバイバル、あるいはローファイミュージックの一種と見なされていたが、ファッションとともに音楽スタイルもグランジという呼び名が定着していく。

グランジスタイルの特徴

グランジスタイル最大の特徴は、重ね着と着崩しである。着古して擦り切れたネルシャツやTシャツ、毛玉だらけのカーディガンといった服を無造作にレイヤードしていくスタイルだ。ボトムスはカーゴパンツやボロボロのジーンズ。足元はワークブーツかスニーカー、またグランジの源流のひとつであるパンクの影響で、ラバーソールも人気があった。

これらのアイテムを、カート・コバーンのようになるべくだらしなく、薄汚く着るのがクールだった。グランジという言葉はもともと、GRUNGY＝〝薄汚く、醜い〟ということを意味するスラングなのである。

1995年のコートニー・ラブ
(shutterstock/アフロ)

こうした基本スタイルに加え、カート・コバーンが好んだパンクの影響が強いモヘアのボーダーニットや、コンバースのジャックパーセル、大きなフレームを持つクリスチャン・ロスのサングラスなども、グランジのアイコン的なアイテムとして知られている。

また、ステージ上の彼の顔をほとんど隠していた長髪は、西海岸のサーファー～スケーターへと受け継がれてきた髪型だが、グランジルックのひとつと認識され、フォロワーは皆、彼と同じように髪を肩まで伸ばすようになった。

グランジシーンの女性たちは、男性と同じチェック柄のネルシャツ、ブーツ、そしてショートヘアを好んだ。こうしたグランジ女性の服装は、カート・コバーンの妻のコートニー・ラブや後述するケイト・モスがお手本になっている。

ストリートを追いかけるモード界

グランジスタイルは男女ともに、一九九二年半ば頃から本格的な流行期に入り、翌一九九三年後半にはピークを迎える。

古着の寄せ集めのようなヨレヨレボロボロの服装は、ロックシーンや一部の若者の間での流行にとどまらなかった。モードファッション界へと飛び火し、一九九三年の春夏シーズンにはペリー・エリスの当時のデザイナーであったマーク・ジェイコブスがコレクションでフィーチャーする。ハイエンドの素材を使った、高価なグランジルックである。

このときのショーで、チェックのスカートにコンバットブーツという、いかにもグランジな姿でランウェイに現れた売り出し中のモデル、ケイト・モスは、以降、グランジファッションの申し子的な扱いを受けることになる。

さらにアイウェアデザイナーのクリスチャン・ロス、新進気鋭の女性デザイナー、アナ・スイ、パリのアヴァンギャルドなファッションブランド、ズリーベットらがグランジのエッセンスを取り入れたコレクションを発表。『ヴォーグ』をはじめとする一流ファッション誌もグランジを特集するほどで、ストリート発の薄汚れた普段着スタイルをモード界が追いかけるという、ファッション界でほとんど初めての現象が見られたのである。

しかし、グランジムーブメントのピークが続いていた一九九四年、突如として衝撃的なニュースが伝えられた。唯一無二のカリスマである、カート・コバーンの死である。うつ病と薬物依存に長年悩まされた末、二七歳でみずから命を絶ったのだ。

ペリー・エリスの1993春夏 ニューヨークコレクションに登場したケイト・モス
(Anthea Simms/Camera Press/アフロ)

グランジカルチャーを理解するための映画

人気絶頂であったカート・コバーンが自死に至るまでの心の動きを深く感じたい人は、二〇〇五年に公開されたガス・ヴァン・サント監督によるアメリカ映画『ラストデイズ』を観るといい。同作は訴訟沙汰を避けるためフィクションとされているものの、紛れもなくカート・コバーンをモデルにした物語だ。

また、カート・コバーンの実娘であるフランシス・ビーン・コバーンが製作総指揮をとった二〇一五年公開のアメリカのドキュメンタリー映画『COBAIN モンタージュ・オブ・ヘック』は、グランジムーブメントを理解するうえで決定的な映画になった。ブレット・モーゲン監督は、コートニー・ラブからも全面協力を得て制作をしており、初公開のホームビデオ映像やデモテープ、直筆の日記や絵画まで収録されている。

『COBAIN モンタージュ・オブ・ヘック』DVD

カート・コバーンの死によって、グランジシーンは失速し、スタイルとしても衰退期に入るが、その後のストリートスタイルにさまざまな形で大きな影響を与えている。

PART
28

世界のおしゃれキッズの
目を集めた原宿の裏通り

URAHARA KIDS

裏原宿キッズ

年代 ／1990〜2000年代
発祥 ／日本〈東京〉
系統 ／ドレスアップ系　買い物系

中心メンバーの属性
階級 ／ミドルクラス
人種 ／日本人
信条 ／ノンポリ

URAHARA KIDS

裏原宿の定義

一九九〇年代前半まで、日本のファッションのメッカである東京・原宿の中心地は、大人向けの高級品店が並ぶ目抜き通りの表参道、一九七八年にオープンしたラフォーレ原宿を中心に、大手セレクトショップやカジュアルブランドショップが並ぶ明治通り、そしてどちらかというとおのぼりさん向けの、安価で雑多なカジュアル服や古着屋が並ぶ竹下通りであった。

その頃、竹下通りと表参道の間で東西に伸びる静かな裏通り、ブラームスの小径は、通好みの小さなショップやカフェ、ヘアサロンなどが営業していて、一部のメディアはここを〝裏原宿〟と紹介することがあった。

しかし一九九〇年代中頃、〝裏原宿〟の定義は変わる。表参道と交差して南北に伸びるキャットストリート（旧渋谷川遊歩道）や、キャットストリートと明治通りにはさまれた二本の裏通り（うち一本は、そこにあったセレクトショップの名を取り、プロペラ通りと呼ばれていた）、また、明治通りの側道であるとんちゃん通り（原宿通り）、及びその周辺エリアを指すようになったのだ。

その界隈は表参道や明治通り、竹下通り周辺よりも開発が遅れた地域だったが、一九九三年四月、当時存在したウェンディーズそばの裏通りであったプロペラ通りにオープンした一軒のショップがきっかけで、ストリートスタイルの発信地になっていく。

ノーウェアという、わずか五坪のショップである。

先駆け

一九八六年、日本でいち早くステューシーを取り扱っていた静岡のサーフショップ、ジャックからショーン・ステューシーを紹介された音楽プロデューサーの藤原ヒロシは、連載を持ち懇意にしていた雑誌『宝島』で、彼のインタビューを企画する。これをきっかけに藤原は、ショーン・ステューシーの友人＝インターナショナル・ステューシー・トライブの一人になる。

インターナショナル・ステューシー・トライブというのは、当時のショーン・ステューシーが認めた、世界のさまざまな都市に住む、一〇人ほどの〝仲間たち〟。ソウル・Ⅱ・ソウルの中心人物ジャジー・Bや、ザ・クラッシュのギタリストだったミック・ジョーンズなど、カリスマ性の高い錚々たるメンツが含まれる。彼らに無償で服を提供し、愛用してもらうことによって、ステューシーは宣伝費をかけずとも、クールなブランドとして若者に自然に浸透していった。

グッドイナフ

ストリートシーンの最先端とつながった藤原は一九九〇年、スケーターでグラフィックデザイナーのスケートシングこと中村晋一郎とともに、ステューシーの手法にならったストリートウェアブランド、グッドイナフを立ち上げる。最初の商品は、スケートシングが手描きや切り貼りでデザインしたTシャツだった。

すでにメディアの寵児だった藤原がいつも着ていたグッドイナフは、折からのスケートブームにも乗り、すぐに一部の若者、またスケートボードから卒業した大人からも支持を集めるようになる。だが藤原は、自分がこのブランドにかかわっていることを伏せ、ショップも持たずにあえて小さな商いに留めていた。グッドイナフは、手に入れることが難しく、知る人ぞ知るコアなブランドとなることによって、その価値を維持、さらに格上げしたのだ。実際、当時グッドイナフに惹かれていた若者の多くも、最初は海外ブランドだと思い込んでいたという。

ノーウェアというショップと裏原宿ムーブメントは、藤原がステューシーから学んで日本に持ち込み、グッドイナフで実践したストリートウェアの最新カルチャーを、年下の友人であったジョニオこと高橋盾と、NIGOこと長尾智明が引き継いだプロジェクトなのだ。

ノーウェア

ジョニオは学生時代から、後にバウンティハンターを立ち上げるヒカルこと岩永光らと東京セックスピストルズという名のコピーバンドで活動しつつ、後にヴァンダライズ（発足当初はN.W.O.）を立ち上げる一之瀬弘法とともに、一九八九年、自分のブランド、アンダーカバーをはじめていた。ノーウェアはアンダーカバーと、NIGOがみずからアメリカで買いつけてきたストリートウェアを販売するショップとしてオープンした。

村上俊実率いる若きデザインチームM&Mが手がけたノーウェアの内装は、粗い木材を全面にあしらった斬新なものだった。狭いショップの奥や店先では、ジョニオやNIGOを中心として毎日集まってくる仲間たちがしゃべり込み、接客などというものは皆無だった。

「いらっしゃいませ」も「ありがとうございます」もなし。その後の裏原宿系ブランドの多くの店でも取られるこうした不遜で不愛想なスタイルは、本場のストリートウェアショップの雰囲気をよく知り、それを原宿で再現しようと考えた藤原のアドバイスによるものだったともいわれている。

意図的であったにせよなかったにせよ、こうして初期ステューシーさながらの〝超仲間内限定〟感を打ち出したことが、のちのちの裏原宿ブランド躍進の大きな要因になったことは間違いない。

初期の裏原宿キッズ

当時のモード界では、ジャン＝ポール・ゴルチエやヘルムート・ラング、ジャンコロナ、ティエリー・ミュグレー、ジョン・ガリアーノらがコレクションテーマとしてパンクを取り上げたり、活動拠点を東京に据えて独創的なパンクデザインを打ち出していたクリストファー・ネメスが脚光を浴びたりしたことで、〝ネオパンク〟スタイルがにわかに盛り上がっていた。そのトレンドに乗ったジョニオのアンダーカバーには早々に固定客がつき、ノーウェアの奥のほう、アンダーカバーの置かれていた場所は売れ行きが好調だった。

アンダーカバーやグッドイナフ、また藤原ヒロシとジョニオがはじめたＡＦＦＡなどの裏原宿ブランドのトップスを着て、ボトムスはヴィンテージデニム、足元はコンバースのワンスターなどのスニーカーというのが、初期裏原宿キッズの典型的なスタイルである。

A BATHING APEの誕生

だが、ノーウェア開店の話をジョニオに持ちかけた張本人であるにもかかわらず、ＮＩＧＯ側の領域である前方に置かれたセレクトウェアは、あきらかに売れ行きが鈍かった。

ＮＩＧＯは文化服装学院でジョニオの一年後輩である。ノーウェア立ち上げ当初はスタイリストが本業で、東京パフォーマンスドールやスチャダラパー、中山秀征のスタイリングをしたり、セレクトショップの買いつけの仕事をしたりしていた。副業ではじめたとはいえ、伸び悩むノーウェアの自分の領域の展開を思案したNIGOは、その頃テレビで一挙放映されていた映画『猿の惑星』シリーズを観て、ひとつの着想を得る。登場人物である類人猿の顔をモチーフにした、オリジナルブランドを立ち上げるというものだ。

こうしてNIGOがはじめた新しいブランドは、モードとパンク色の強いジョニオのアンダーカバーとは違い、定番アメカジとヒップホップ、そしてアウトドアテイストを打ち出すものとなった。ブランドはア・ベイシング・エイプと名づけられる。ブランド名とロゴの考案者は、初期のグッドイナフをけん引したスケートシング。彼はその後も、ア・ベイシング・エイプのデザインに積極的にかかわっていく。

人気爆発

彼らが不便な裏通りに店をオープンした理由は、第一に、テナント料が安かったためであるとされる。だが、ファッション誌との付き合い方など、メディア戦略をよく知っていた藤原を中心とするクルーには、場所の不便さは計算に入れなくてもよいものだったのかもしれない。

ジョニオとNIGOは、まだ無名だった一九九一年から雑誌『宝島』で、藤原の後を引き継ぐ形の連載ページを持っていた。その連載が一九九四年から雑誌『アサヤン』へと移り、藤原も加わって復活。こうして自分たちのブランドの定期的な宣伝の場ができると、いよいよブームの導火線に火がついた。

三ブランドが着実にファンを増やしていくのを見た彼らは、仲間たちに話を持ちかけ、同じ裏原宿界隈に次々とストリートウェアブランドをオープンさせていく。代表的なブランドは、藤原がプロデューサーとしてかかわる音楽レーベル、メジャーフォースの社員だった滝沢伸介のネイバーフッド、文化服装学院でジョニオの一つ先輩だったヒカルのバウンティハンター、スケートシングらが一九八四年に発足させたスケーターチームT19の一員だった江川芳文のヘクティク（立ち上げ当時はセレクトショップ）などである。

また彼らの動きに刺激され、ほかにもさまざまな新しいブランドが立ち上がった。フリーランスの靴デザイナーとして、タケオキクチなどのブランドで靴を製作していた小林節正のジェネラル・リサーチ、グッドイナフを取り扱うセレクトショップELTのオーナーである佐渡村健のレット・イット・ライド、ELTのスタッフから独立した千壽公久のスワイプ・オン・ザ・クワイエット、グラフィックデザイナー出身で手刷りのTシャツや古着のリメイク作品をハンドメイドでつくっていた神山隆二のフェイマスなどである。

一挙に登場したこれらのブランドがスクラムを組むようにして、裏原宿シーンは形成されていく。ムーブメント黎明期は、こうした新興ブランドの小さなショップがどこにあるのか非常にわかりにくく、ファッション誌でブランドの存在を知った若者は、裏原宿をさまよい歩くことになった。

裏通りに長蛇の列

一九九五年、NIGOは旧知の間柄のスチャダラパーをはじめ、イーストエンド×ユリ、コーネリアスといった人気ミュージシャンとの交流を深め、彼らにア・ベイシング・エイプの服を提供、あるいはスタイリングをはじめる。これによって、ア・ベイシング・エイプは本格的にブレイク状態になっていく。

『smart』1997年10/6号

翌年、ノーウェアは店舗を移転して拡大オープン、雑誌などの登場頻度も飛躍的に増大した。一九九七年になると、裏原宿系ファッションを大きくフィーチャーした新興ファッション誌『スマート』の強力な後押しなどもあり、裏原宿界隈は、そこが裏通りとはとても思えないほどの賑わいを見せるようになった。

裏原宿ブームがピークに向かって突っ走りはじめた同年、藤原は自身で新しいセレクトショップ、レディメイドをオープンさせる。オープン時には数百人の若者が夜明け前から列をつくり、開店するやいなや、店の品物はすべてあっという間に売り切れてしまった。

セレクトショップといってもこの店で扱うのは、藤原がかかわっていたエレクトリックコテージ(名付け親は、かのショーン・ステューシー)、エレクトリックコテージのセカンドラインという位置づけのフィネス、フィネスからブランド名を変更したモアアバウトレスなどのブランドが中心であった。ナイキの特注スニーカーなど、藤原がプロデュースした限定アイテムが売られるということもあり、その後も新商品が入荷するたびに、入店するための整理券を獲得しようと長蛇の列がつくられ、ここは裏原宿ムーブメントの象徴的なショップとなっていく。

ブームの背景

ブームになった後も裏原宿系のブランドは、資金不足のため、また在庫を抱えるリスクを避けるため、生産数を極力抑えていた。その選択が結果的に、初期ステューシーやグッドイナフと同様、ブランドの希少性を高め、品薄感、若者の飢餓感をあおることにつながった。多くの裏原宿ブランドの主力商品が、Tシャツやスウェットのような単純なカジュアルウェアであったのにもかかわらず、生産枚数の少なさから、商品一点一点の価格はかなり高かった。

顔見知りの仲間たちが次々に独自のブランドを立ち上げたため、ブランド同士が定期的に手を組み、〝Wネーム〟と銘打ったコラボレーションアイテムを販売するのも裏原宿系のひとつの特色だった。Wネームアイテムは通常のラインよりもさらに生産数を絞っていたので、レアアイテム化しやすい。あっという間に売り切れになるため、裏原宿キッズは実物を目にすることさえ難しかった。

時代は前後するが二〇〇一年に木村拓哉がドラマ『HERO』の劇中で着用していた茶色のレザーダウンジャケットが、ア・ベイシング・エイプのものだとわかると、同じものを求める声が殺到。だが本物はわずか一六枚しかつくっていなかったため、異常な数のコピー商品が出回るという結果を招いたという。

そうしたレアアイテムを手に入れるため、雑誌と口コミによってわずかな情報を手に入れた若者が、支持するブランドのショップの前に、開店前の朝早くから長蛇の列をつくるのがおなじみの光景になった。

裏原宿スタイル

裏原宿ムーブメントは、複数のファッションブランドの集合体が築き上げたものなので、定型のスタイルを生み出したわけではない。アメカジ・Bボーイ系のア・ベイシング・エイプの人気が突出していたため、その手の服が裏原の代表的なイメージになっているが、前述のように、グッドイナフやヘクティクはステューシーの系譜を継ぐスケーター・スポーツ系、アンダーカバーはモード・パンク系、ネイバーフッドはパンク・バイカー系と方向性はまちまちである。

それらの裏原宿ブランドのアイテムとヴィンテージデニムを合わせ、足元はスニーカーかレッド・ウィングのワークブーツ、そして原宿の老舗アクセサリーショップであるゴローズや、ユナイテッドアローズ原宿本店前にオンリーショップをオープンしたクロムハーツのシルバーアクセをプラスする。そんなスタイルがストリートに増殖していった。

その後もモデルのARATA（現在俳優として活躍中の井浦新）とKIRIが立ち上げたファンタジックでポップなテイストのリボルバー、裏原宿の代表的なセレクトショップ、ネペンテスから独立した宮下貴裕による、ロック系のナンバーナイン、A.P.C.のスタッフだった清永浩文による、ヨーロッパテイストできれいめ・大人系のSOPH.、スタイリストとして一線で活躍していた熊谷隆志が立ち上げた、パリ風でありLA風でもあるGDC（発足当初のブランド名はグランドキャニオン）など、数多くのブランドが誕生。テイストはますます広がりを見せていく。

1998年5月、東京・原宿の裏通りで服やスニーカーなどを売る若者（読売新聞/アフロ）

裏原宿ブランドのこだわり

一定の方向性があったわけではない裏原宿系で、ひとつだけはっきりしていたのは、それぞれのブランドのオーナーでもあるデザイナー・ディレクターが、自分の趣味に合う、自分が心底着たいと思う服だけをつくっていたということだ。自分と、ごく限られた身近な仲間が着たい服をつくるというのは、ステューシーから受け継いだストリートウェアの基本スピリッツのようなものだ。つくったついでに店に並べておいたら、客が来て勝手に買っていくというスタンス。だから「いらっしゃいませ」でも「ありがとうございます」でもない。少なくともブーム最盛期までの頃の裏原宿ブランドには、こうした雰囲気が生きていた。

自分が着たい服をつくっているだけなのだから、そのブランドの服がもっとも似合うのは、つくっている本人だ。そのため、ファッション誌は彼らを「おしゃれ有名人」と呼び、誌面にたびたび登場させた。読者は彼らが着用し、おすすめするアイテムに敏感に反応し、競うように買い求める。藤原ヒロシがはじめ、数多のおしゃれ有名人が引き継いだこの手法は、SNS全盛の現在のインフルエンサーマーケティングにもつながっている。

とにもかくにも裏原宿は、こうして大きなムーブメントとなり、街にはジョニオもどき、NIGOの完全コピー、ヒカルのそっくりさんなどがあふれ返るようになった。

裏原宿キッズの生態

　裏原宿の成功の要因は、単にそのデザインやメディア戦略によるものだけではない。若者は、商品の発売日・入荷日を、通い詰めて仲良くなったショップスタッフや同好の友人からの口伝えで知り、希少性の高いアイテムを手に入れていく。このハンティングにも似たショッピング自体が楽しく、勝手にどんどんのめり込んでいった。

　運よく商品をゲットできた者は大いに喜び、仲間に披露して自慢する。運悪く買えなかった者は、次の有効な情報を手に入れることを目指し、口コミ網を広げるためにショップスタッフや同好の友人との交流を深めていく。そうしたゲーム性の高さが、裏原宿ブームに拍車をかけていったのは間違いない。

　しかしそうした〝希少価値ゲーム〟は同時に、大量のコピー商品や、転売によって儲けようとするよこしまな業者を生み出し、社会問題ともなってしまう。裏原宿は大きなマーケットに育ちつつあったが、ブランドを運営する者の経験の浅さ、組織の脆弱性から、そうした負の部分をコントロールする力は持っていなかった。

1998年11月、裏原宿を歩く若者たち
(読売新聞/アフロ)

世界進出

一九九〇年代後半、日本では裏原宿ブームが最高潮に達していたが、海外では一部の先鋭的なファッションフリークや裏原宿と直接的なつながりがある者を除き、ほとんど知られない存在だった。NIGOの友人でもあるグラフィティアーティストのスタッシュとフューチュラがニューヨークのブルックリンに設立したリーコンや、ロンドンのソーホーにあり、有名ブランドとのコラボアイテムが得意の老舗セレクトショップ、ハイドアウトなど、限られた店に少数出回ることはあったが、定期的にまとまった数のアイテムが並ぶ店はどこにもなかった。だが日本と同様、こうした供給量の少なさが、海外でもおしゃれキッズの心に徐々に火をつけはじめていた。

海外のメディアが、いくら欲しくてもなかなか買えない、特異な日本のウラハラウェアを紹介しはじめた一九九九年、NIGOが重い腰を上げる。海外の友人に説得され、ア・ベイシング・エイプの旗艦店、ビジー・ワーク・ショップの香港店をオープンさせたのである。

これを足がかりに、ア・ベイシング・エイプはアジア市場で人気が沸騰し、世界的なブランドへと成長していく。

A BATHING APEの世界的成功

NIGOは経営者として、ビッグな成功を目指す道のりに舵を切る。ノーウェアを会社として成長させ、ア・ベイシング・エイプを世界的なカジュアルウェアブランドにするという、それまでの裏原宿の仲間が誰もやろうとしなかった方向に進むことを決断したのである。

二〇〇〇年代前半になると、エイプの旗のもと、洋服の販売だけではなくライブやプロレスの興行、カフェ、美容室の経営、アートギャラリーや音楽レーベルの運営、キャラクタービジネスなど、さまざまな事業の展開がはじまった。二〇〇二年には世界的な飲料メーカーであるペプシとのコラボレーションも実現。缶のデザインをエイプのアイコンであるカモフラージュ柄で飾ったペプシコーラが、日本中の自販機やコンビニで大々的に販売された。

2005年、NIGO(左)とファレル・ウィリアムス(Splash/アフロ)

さらに二〇〇三年にはロンドン、二〇〇四年にはニューヨークにエイプのショップをオープンさせている。同年にはザ・ネプチューンズのファレル・ウィリアムスとともに、新たなファッションブランドBBC(ビリオネアボーイズクラブ)とシューズブランドのアイスクリームも立ち上げた。

その頃、裏原宿はブームとしての終焉期を迎えようとしていたが、NIGOの目はすでに原宿の裏通りには向いていなかった。交流を深めたアメリカのヒップホップミュージシャンらに着てもらうことで、ア・ベイシング・エイプは世界に名だたるストリートウェアブランドとして認知されていく。

NIGOはまた、みずからの手でつかんだ巨万の富をあえて隠そうともせず、私物のゴージャスなアクセサリーや腕時計、車、そしてアトリエや自宅まで、メディアの要望に応えて公開するようになった。二〇〇四年のTIME誌には、アジアから世界をけん引するヒーローとして、ゴージャスに着飾ったNIGOが、イチローとともに登場している。

日本的な経営者というよりも、彼が愛したBボーイの美学に従ったこうした行動により、NIGOとア・ベイシング・エイプに対する世界からの関心はますます高まっていく。日本の若者にとって、裏原宿はすでにブームの峠を越えたスタイルになっていたが、今度は世界各国から、人々が〝本場〟の服を求めて押し寄せる街になるのである。

その後

ブームが収束して久しいが、振り返ってみると裏原宿ムーブメントというのは、一九六〇年代のスウィンギングロンドンといくつかの共通性があることに気づく。

まず、どちらも当時のファッションのメインストリートの近くにありながら、少し外れた裏通りから勃興したという点。スウィンギングロンドンはモッズ、裏原宿はパンクやスケーター、Bボーイといった先行するカルチャーをベースにしたという点。一貫したテーマがないままに膨張していく買い物系ムーブメント、つまり商業ベースのストリートスタイルだったという点である。

スウィンギングロンドンはやがて、サイケデリックというテーマを後づけで発見し、折からの世界的なヒッピームーブメントと融合する形で収束していく。

一方の裏原宿ムーブメントは、当初から仲間内の間の小さな流行を発信するというテーマはあったものの、そのテーマのもとではブランドとして拡大しにくいという矛盾を抱え、一旦は終息しかけた。だが、ア・ベイシング・エイプを率いるNIGOの世界戦略によって、現在でも裏原宿は大勢の人でにぎわっている。

ただし、裏原宿ブランド筆頭であるア・ベイシング・エイプはすでにNIGOのブランドではない。海外での盛り上がりに反し、日本での人気が鎮静化していたア・ベイシング・エイプは、二〇〇〇年代末には財政状況が大きく悪化。二〇一一年には香港の小売業者であるI.T.社に会社を売却している。

二〇一八年現在の裏原宿の熱心な信奉者は、主にアジアの国々からやってくる。

PART
29

自転車便従事者が発明した
21 世紀のスポーツスタイル

MESSEN-GERS

メッセンジャーズ

年代 ／2000年代
発祥 ／アメリカ〈ニューヨーク〉
系統 ／ドレスダウン系　スポーツ系

中心メンバーの属性
階級 ／ワーキングクラス
人種 ／白人
信条 ／ノンポリ

MESSENGERS

二十一世紀のストリートスタイル

二〇〇〇年代中頃、突如として新しいストリートスタイルにスポットライトがあたった。メッセンジャーズだ。ニューヨークのプロメッセンジャー＝自転車便従事者のライフスタイルが、世界中の、特にスケーターを中心とするXスポーツ志向の若者の心を虜にしたのである。

メッセンジャーカルチャーの中心にあるのは、ノーブレーキのピストバイク、つまり前後両輪にブレーキ装備がない、固定ギアの自転車である。トラックレーサー、シングルスピード、フィックスドバイクなどとも呼ばれるこの自転車は、もともとは日本の競輪をはじめとする自転車の短距離トラック競技専用で、非常にスピードが出る反面、ブレーキによる制動ができないので、本来は街乗りで使われるものではなかった。

しかし変速機もなくシンプルな構造の自転車は、端正なフォルムであるうえに価格も手頃。しかも壊れにくく、色とりどりのパーツも豊富なためカスタムも容易ということで、ニューヨークのプロメッセンジャーに注目された。彼らが一九七〇年代後半〜一九八〇年代にかけてピストバイクの使用を開始したのが、このカルチャーのはじまりと考えられている。

ノーブレーキのピストバイク
(Moving Target/FLICKR)

プロメッセンジャー

オフィス街を拠点とし、自分の自転車で依頼先まで荷物を届けるメッセンジャーは、欧米では一九五〇年代頃からあった職業だ。もともとは街頭の売店まで新聞を運ぶのがその主な業務で、トレーニングと実益を兼ね、オフシーズンの自転車競技選手が副業として従事することが多かった。それがやがて、オフィス街で会社から会社へと書類を運ぶ業務が主になり、一九八〇年代には環境問題への意識の拡大を背景に需要が高まった。

みずからの肉体を頼りにする労働で、ニューヨークで当初この仕事に携わったのはアンダークラスの労働者、ジャマイカやハイチなど出身の黒人が多かったという。

固定ギアの自転車がスピードや操作性で優れていると気づいた彼らは、レースに使われる競技用自転車＝トラックレーサーを求めたが、そう簡単に手に入るものではなく、普通のロードバイクを修理（FIX）し、固定ギア（FIXED GEAR）に替えて乗ることが多かった。そのため、この自転車にはフィックスドバイクという呼び名が与えられた。

フリーギアと固定ギア

普通の自転車は、チェーンの動きが止まり後輪に力が伝わらなくなっても、後輪にあるハブと呼ばれる円柱の軸を中心にタイヤは回転しつづける。そのため、ペダルを漕ぐのをやめても自転車は慣性で前に進んでいく。こうした自転車はフリーギアと呼ばれるが、ピストバイクに用いられるハブは空回りをしない固定ギア。つまりペダルを漕げば漕いだ分だけ、後輪は連動して回転するが、空回りをしないので、脚に力を入れてペダルを止めると、タイヤの動きも止まる。さらにペダルを逆回転させれば、後輪も逆回転する。こうした脚の力がそのままダイレクトに反映されることから、短距離レースには最適の自転車とされているのだ。

街中で自転車に乗る場合は、障害物が多く信号もあるので、当然、自転車を制動しなければならないシーンが多い。メッセンジャーは、脚に力を入れて瞬時にタイヤを止めるスキッドと呼ばれる技法をブレーキ代わりに使うことによって、街でピストバイクを華麗に乗りこなすようになった。

メッセンジャーへの注目

二十一世紀に入ると、インターネットの普及によってファックスさえほぼ絶滅しかけ、書類を自転車で運ぶという職業も需要が減り、存亡の危機であったにもかかわらず、ニューヨークの街をピストバイクで走り抜けるメッセンジャーに、熱い眼差しを向ける者がいた。スケートボードに乗る都市のティーンエイジャーたちだ。彼らはスケートボード中心のライフスタイルを送っていたが、もっと大胆に街中を疾走できるピストバイクに、新しい可能性を感じていた。

二〇〇一年、映画監督兼写真家のピーター・サザーランドは、ニューヨークのメッセンジャーたちの日常をとらえたドキュメンタリー映像『ペダル』を発表する。

そしてメッセンジャーを真似てピストバイクに乗る若者が増えてきた二〇〇四年初頭、ニューヨークのエルドリッジストリートに、初の街乗り用ピストバイク専門店、トラックスターがオープン。これを皮切りにアメリカ国内でブームが本格化し、二〇〇五年頃には、ピストバイクに乗る若者が激増した。

二〇〇六年頃には、日本でもピストバイクを紹介する記事が増え、新しいストリートカルチャーとして爆発的な人気となる。日本では、ニューヨークでメッセンジャーをしていたアーティストのMADSAKI（マサキ）や藤原ヒロシ、一九八〇年代から日本のスケートシーンの最先端にいたスケーターチームのT19、元プラスチックスの立花ハジメ、リアルメッセンジャーのシノらが流行に火をつけた。

『ペダル』DVD

二〇〇七年頃

二〇〇七年になると、ニューヨーク、サンフランシスコ、東京、ロンドンなどの街角では、当たり前のようにピストバイクにまたがる若者を目にするようになった。

比較的手に入れやすいイタリアのビアンキや、日本のフジといった市販メーカーのピストバイクが大半だったが、よりコアな人はオークションなどで手に入れた競輪選手の払い下げ品や、古いスチール製のロードレーサーを固定ギアに改造して乗った。この世界では日本の競輪自転車への評価が非常に高く、かつて千葉の自転車工房でつくられていた3RENSHOというブランドの中古フレームは、オークションサイトなどで高値で取り引きされるようになった。

カルチャーの発信源であるニューヨークでは、さまざまな現象が見られた。毎月第4金曜日にピスト乗りが集結し、集団ライドを繰り広げるクリティカル・マスというイベントや、酒場の固定された自転車で熱狂的に繰り広げられるゴールド・スプリントというヴァーチャルレース、ピストバイクに乗ったまま2チームで争われるバイシクル・ポロなど、自主的かつゲリラ的なイベントがさまざまな場所でおこなわれていた。

盛り上がり

中でも、二〇〇〇年からはじまったピストバイク限定のレース、モンスター・トラックは多くの人の耳目を集めた。

ニューヨークで一番ハードコアなメッセンジャーレースとして、もっとも気候の悪い時期である二月下旬に、雨が降ろうと雪が降ろうと決行される。当初は地元のメッセンジャー仲間で、一番クレイジーな走りをするのは誰かを決める内輪のレースだったが、ピストバイクブームに乗って年々規模が拡大していった。

2009年2月におこなわれた
モンスター・トラックXに集まるピストバイク乗り
（Incase/FLICKR）

地理に不慣れなために優勝は逃しているが、日本のリアルメッセンジャーであるシノもこのモンスター・トラックでの驚異的な走りによって、メッセンジャー界では名の知れる存在になった。

モンスター・トラックよりも歴史があり、プロメッセンジャーのためのレースとして有名なものにCMWC（CYCLE MESSENGER WORLD CHAMPIONSHIPS）がある。街を封鎖してメッセンジャーたちのスキルを競うこの世界選手権は、一九九三年にドイツのベルリンで第1回大会が開催され、その後は世界のさまざまな都市で開かれるようになった。ピストバイクブーム以降、非常に大きな盛り上がりを見せる中、二〇〇八年のトロント大会では日本のシノが優勝。東京でも二〇〇九年九月に開催されている。

二〇〇七年にはブルックリンの高速道路の高架下で、スキッド・フェイスと呼ばれるピストバイク限定イベントがはじまった。ピストバイクは脚の動きを止めてタイヤを固定することで制動できるが、タイヤの動きが止まった自転車は、スピードが出ていればいるほど遠くまでスリップをしていく。その距離を競いあうのが主目的のイベントとしてはじまり、やがてスキッドだけではなく、アクロバティックな乗り方を競いあうフリースタイルや、1対1のスプリントレースなど、さまざまな競技がおこなわれるようになった。

サンフランシスコでは

西海岸のサンフランシスコでは、発祥の地である東海岸とは一味違う、独自のメッセンジャーシーンが築かれていた。オフィスの多いニューヨークのピスト文化は、ワーキングクラスであるプロメッセンジャーが中心になって築かれたため、街の交通事情や地理を熟知したうえで、いかに速く華麗に走り、目的地にいち早くたどり着くことができるかがもっとも重要だった。

一方サンフランシスコは、スケートボードやサーフィンのメッカである土地柄、ニューヨークよりもスポーティでアーティなカルチャーとして発展した。当地のピスト乗りにもリアルメッセンジャーはもちろん多くいたが、ショップ店員やプロスケーターから、アーティスト、DJ、フォトグラファーなどのクリエイターまで、さまざまなプロフィールの人が、さまざまなやり方で楽しんだのがサンフランシスコスタイルだ。

　サンフランシスコのピストシーンの中心にいたのは、MASHというチームである。中心人物はフォトグラファーのマイク・マーティン。彼は二〇〇七年、自分たちのクルーがピストバイクに乗り、サンフランシスコの街を疾走する姿を動画に収めたDVD『MASH SF』(ゲイブ・モーフォード撮影)を発売。これが話題になり、サンフランシスコのピストスタイルが注目されるきっかけとなった。

メッセンジャーバッグ

　ファッションの世界でもグローバル化、ミクスチャー化が進んでいた二十一世紀に入ってからの流行であるだけに、メッセンジャーズスタイルの服装にこれといった決まりはない。基本的にはスケーター風のスポーツスタイルをベースとし、スパッツやキャップなどメッセンジャーならではのアイテムが加味されている。そして、ピストスタイルのオリジナルかつ欠かせない要素がひとつある。それがメッセンジャーバッグだ。

元来、プロメッセンジャー用の仕事鞄であるメッセンジャーバッグは、左肩からストラップで斜めがけにして背負うショルダータイプのバッグである。ストラップできつく引き締めたり、背中側から回し込んで胸の部分に取りつけるクロスストラップがあったりと、自転車の走行に支障をきたさないような機能がふんだんに施されている。バッグ本体は雨風に晒されることを想定し、耐久性に優れたコーデュラナイロンでつくられ、耐水加工されていることが多いのも特徴だ。

プロ用はこれらの機能性、実用性が高いバッグが多いが、ピストバイクブーム以降、一般向けに機能や耐水性が簡略化され、ファッション性を高めた商品が数多くつくられ販売された。

メッセンジャーバッグの代名詞のような老舗のマンハッタンポーテージから、プロメッセンジャーが立ち上げ、フルオーダーでプロ仕様のバッグをつくるリロード、車のシートベルトバックルの発想から生まれた個性的なストラップを持つクロームまで、数々の人気ブランドが生まれた。二〇〇〇年代後半には、自転車に乗らない〝陸《おか》メッセンジャーズ〟も含め、街中で使うカジュアルバッグとして、幅広く人気を集めていった。

ノーブレーキへの批判

ピストバイクがブームになると、多くのライダーはブレーキを装着しているピストバイクをあざ笑い、ノーブレーキで乗りこなせるテクニックを持っていることを誇るようになった。

日本では広告業界が、新しいファッション・カルチャーとしてノーブレーキピストに飛びつく。二〇〇七年四月には、ナイキが広告でノーブレーキピストを抱えた若いモデルが公道に立っている写真に「ブレーキなし。問題なし。JUST DO IT.」というコピーを添え、東京・渋谷パルコの壁面に貼りだした。しかしこの広告は、違法行為を容認するばかりか助長するものだという苦情が殺到して炎上状態となり、わずか数日で撤去された。

ノーブレーキピストは急ブレーキをかけることが難しく、実際に公道上では未熟なライダーによる事故も多発するようになった。ファッション感覚で乗るには、あまりに危険な乗り物だったのである。

ニューヨークやロンドンの路上でも、ノーブレーキピストのブームで、事故が多発していた。当時それらの都市では、たくさんの花やメッセージカードが添えられた白塗りの自転車が、街角に点在していた。事故で亡くなったライダーを弔うためのもので、ゴーストバイクと呼ばれていた。

日本では、世間からの批判の声が大きくなるにつれて警察による取り締まりも厳しくなっていく。二〇一一年には、お笑い芸人で自転車やバイク好きで知られるチュートリアルの福田充徳が、前輪のみにブレーキを装着したピストバイクに乗っていたところを摘発されたことが報じられ、この頃からピスト乗りたちはやむなく、ダサいブレーキ装備を自分の自転車に取りつけはじめた。そして流行は徐々に下火になっていく。

二〇一三年七月、東京都は新しい自転車安全利用条例を制定。これによって事実上、東京というピストカルチャーの主要都市で、公道走行用のノーブレーキピストは販売できなくなったのだ。

その後

それではその後、ピストバイク及びメッセンジャーズスタイルはどうなったか。結論からいうと、東京の街ではブレーキ付きのピストバイクはいまだよく見かけられるが、ノーブレーキピストに乗る人はほとんど見られなくなった。メッセンジャーバッグの流行も終了している。

ニューヨークやサンフランシスコなどでも、その数は減ったという。

もちろん、このカルチャーを支えたコアなメンバーは今でもピストバイクの技を磨き、新しい情報を発信しつづけているのだが、少なくとも一般人を巻き込んだブームと呼ばれるような状態ではなくなっている。

東京での衰退が、先に述べたような世間からの厳しい風当たりと、当局による規制が原因となっていることは容易に想像がつくが、ノーブレーキピストに対する規制がおこなわれたわけではないアメリカでも減少している理由はなんだろうか？　ひとつは、このカルチャーの中心部分にいたプロメッセンジャーの減少がある。

ブーム期にもすでに、書類を人力で運び届けるという自転車便の需要は減少傾向にあったが、その後、インターネットのインフラがさらに拡充し、大容量のデータ送信などもオンライン上で容易にできるようになった。プリントアウトした書類や、メールでは送れない大きなデータの受け渡しに重宝されていた自転車便は、ほぼ用済みになってしまったのである。

また、ブームに乗ってピストバイクを楽しんでいたのはスケーターを中心とする、Xスポーツ好きが多かったが、彼らを夢中にする別のアイテムの流行もあった。スケートボードの一種であるミニクルーザー(ビニールクルーザーと呼ばれることもある)だ。

ミニクルーザーとは、一九七〇年代に販売されていたものにそっくりな見た目の、サイズの小さなスケートボードだ。デッキはプラスチック製で車輪はウレタン製のため、初心者でも曲がりやすく、また普通のスケートボードに比べて走行音が小さいという特徴がある。飛んだり跳ねたりというトリックを追求するわけではなく、街をクルージングするのに最適なこのスケートボードが、二〇一三年頃から世界中で大ヒット。学生を中心に男性も女性も巻き込むブームになったのだ。

五年前ならピストバイクを選んでいたであろう若者は、この新しいスケートブームに飛びついた。これもまたピストバイクカルチャー衰退の一因と考えられている。

ミニクルーザーの代表格、ペニー
(Anna Dashkova/FLICKR)

PART
30

SNSが醸成した21世紀の
超アンチファッション

NORMCORE

ノームコア

年代／2010年代
発祥／アメリカ〈ニューヨーク〉
系統／ドレスダウン系

中心メンバーの属性
階級／ミドルクラス
人種／白人
信条／自由主義

Normcore

究極の普通

二〇一三年〜二〇一四年頃、次章で詳述するヒップスターの一形態とも考えられる新しいスタイルがにわかに注目され、急激に一般に認知された。それがノームコア、NORMAL＋HARDCOREの造語で、訳すと〝究極の普通〟となるトレンドである。

ノームコアは、ベーシックでシンプルなデザインの服やファッションアイテムを意識的に選択し、それを自分なりに着こなし、使いこなすというスタイル。アイコン的な人物として、アップルの故スティーブ・ジョブズ、フェイスブックのマーク・ザッカーバーグ、コメディ俳優のジェリー・サインフェルド、そして前アメリカ大統領のバラク・オバマがあげられる。

スティーブ・ジョブズ
(Kazuhiro Shiozawa)

スティーブ・ジョブズは生前、一〇年以上にわたって常に同じ服装をしていることで有名だった。イッセイミヤケのハイネックセーター、リーバイス501、ルノアの丸メガネ、そしてニューバランスM992である。

マーク・ザッカーバーグは、政府要人と面会するときでさえ、地味なグレーのTシャツにスウェットパーカ、アディダスの安物サンダル履きで通した。

一九八九年から一九九八年にかけてアメリカで放送され

たジェリー・サインフェルド主演のシチュエーションコメディ『となりのサインフェルド』は、本人はじめ登場する面々が誰もかれも良くいえば素朴、悪くいえばちょいダサの服装をしていた。

『となりのサインフェルド』シーズン8のDVD。右端がジェリー・サインフェルド

2009年7月、球宴始球式でのオバマ大統領（ロイター／アフロ）

ファッション音痴で知られたオバマ大統領は、就任初期の頃の私服のダサさが、たびたびメディアに取り上げられた。特に二〇〇九年のMLBオールスター戦始球式で見せた、ハイウエストで太い一九七〇年代テイストのジーンズが、まるで年配の女性が穿くようなものに見えるということでマムジーンズ（あるいはダッドジーンズ）と呼ばれ、逆にセクシーとさえいわれた。ちなみに、その後はスタイリングに力を入れたのかファッションが改善され、ベストドレッサーとまでいわれるようになったが、それを残念がる声もあったほどだ。

まるで冗談のようだが、一昔前なら〝ダサい〟の一言で切って捨てられていたような、こうしたスタイルが、ニューヨーカーを発信源として世界的トレンドとなっていくのだ。

ノームコアスタイル

どんなスタイルをもってノームコアと呼ぶかは自分次第。派手な柄物や先進的なデザインは避け、オーソドックスな形と色の服を選べば、ノームコアスタイルは完成する。

アイテム例は数限りなくあるが、ストーンウォッシュのジーンズ、無地のスウェットやフリース、タートルネックニット、ニューバランスやナイキのスニーカー、ロゴが大きくプリントされたアディダスなどメジャーブランドのスポーツウェア、ナイキやビルケンシュトックのサンダル、パタゴニアやザ・ノース・フェイスのナイロンブルゾン、「NY」のロゴが入った土産物のようなベースボールキャップ、ユニクロのチノパン、スポーツブランドのロゴ入りソックス、オーソドックスなバックパック、タイメックスあるいはカシオのG-ショックかチープカシオの腕時計。これらがいかにもノームコアらしいアイテムだ。

ノームコアスタイルのケイト・モス。2011年のパパラッチスナップで(Backgrid/アフロ)

ノームコアを標榜する人たちは、高価なブランド品を身につけることを避ける傾向がある。無個性を演出するにはシャネルやグッチは不要で、むしろユニクロや無印良品、H&M、ギャップなどのファストファッションや、メジャーなスポーツ系、アウトドア系ブランドのほうがよほどクールなのだ。

〝モノからコトへ〟のシフトチェンジという表現をよく聞いたが、リーマンショックを経た二〇〇〇年代後半から二〇一〇年代前半にかけて、世界の消費傾向は確かに大きく変わった。かつて、他人から自分を差別化するためのもっとも有効な手段はモノ消費であった。自分は特別な存在なのだというアピールのために、高級ブランドをはじめとするモノに惜しみなくお金をかけていたのだ。しかし、二〇〇八年のリーマンショック、そして日本では二〇一一年の東日本大震災を機に、こうしたライフスタイルに対する反省の気運が高まった。

ファッションとは、他人と自分を差別化する方法ではなく、日々の暮らしを快適にするための手段のひとつであるという意識へ変化したのだ。

ノームコアが意味するもの

ノームコアもまさしくストリートスタイルの一種だが、この時代のストリートとは、実際のどこかの街角にあるようなものではない。ウェブ上のヴァーチャルなストリートから広まったスタイルである。

自己主張しすぎることなく、あえて周囲に埋没するようなスタイルを選ぶノームコアは、彼らに〝人の本質を決めるのはファッションではない〟という基本哲学があるからだ。どんなに普通の格好をしていても、自分は十分に個性的で魅力的であるという自信の裏返しでもある。

これは一九五〇年代に登場したビートジェネレーションとも共通する精神性である。ノームコアは、六〇年前の若者であるビートジェネレーションが発明した無個性スタイルの、壮大なリバイバルと見ることもできるのだ。ビートジェネレーションのファッション否定は、現代社会への反発心によるところが大きかったが、現代のそれは無軌道な消費への反省とともに、仲間との充実したネットワークが醸成した。

すなわち、服装で個性を主張しなくても、仲間が毎日チェックしてくれるフェイスブックやツイッター、インスタグラムなどのSNSで、自分のユニークな内面と生活は十分にアピールできる時代になっていたのだ。

ダッドコア

ノームコアの流行は比較的短期間で収束したかに見えたが、二〇一六年後半頃からノームコアの影響下にあるトレンドが再び浮上した。お父さんが履くような、厚底でガチャガチャしたデザインのダサいスニーカー＝ダッドスニーカーを中心とするスタイルである。二〇一七年には人気モデルやヒップホップミュージシャンなどがこぞって履くようになり、ダッドスニーカースタイルが世界中のストリートでにわかに増殖、ブームともいえるような様相を呈した。二〇一八年現在も、インスタグラムでは#DADSHOES、#DADSNEAKERSあるいは

#UGLYSHOESが男女ともに盛り上がっていて、一昔前のお父さんが履いていたような過剰にダサいスニーカーを、嬉々として履く若者の姿が見られる。
ダッドスニーカーの人気に火をつけたのは、バレンシアガやラフ・シモンズ、グッチ、ルイ・ヴィトンといった、大手メゾンブランドだ。トレンドの発端は、二〇一三年からスタートしたラフ・シモンズとアディダスとのコラボラインOZWEEGOだと考えられる。二〇一三年はまさしくノームコアがはじまった頃。スティーブ・ジョブズの履いていたニューバランスM992に注目するノームコアのトレンドが、ダッドスニーカーを生んだということは容易に想像できる。

ダッドスニーカーを中心として、ハイウエストのジーンズやオーバーサイズのジャケットを合わせる、お父さんの休日的なスタイルは、ノームコアならぬダッドコアとも呼ばれている。

アディダス×ラフ・シモンズのOZWEEGO

当初のノームコアは、平凡で地味な、そこはかとなくダサい無個性なアイテムが一周まわって良きものとされたが、その派生形であるダッドコアになると、さらにもう一周まわり、演出的なダサさが新たな個性を生み出す形になっている。

ファッション業界の頂点に位置するビッグメゾンが、ストリートスタイルの流行を取り込み、〝ダサさ〟をセールスポイントとして商売する戦略を展開した結果の現象である。

PART
31

21 世紀に蘇った
ヒッピー的ライフスタイル

Hipster

ヒップスター

年代 ／2000〜2010年代
発祥 ／アメリカ〈ニューヨーク、ポートランド〉
系統 ／ドレスダウン系

中心メンバーの属性
階級 ／ミドルクラス
人種 ／白人
信条 ／自由主義

HIPSTER

サードウェーブとヒップスター

二〇一〇年代前半、アメリカのポートランドやNY・ブルックリンから発信されたサードウェーブという言葉が、日本でも認知されるようになる。サードウェーブとはもともとコーヒー業界の用語。シアトル系コーヒーのスターバックスに代表される、チェーン店で大量販売されるコーヒー（セカンドウェーブ）とは違い、豆の品質にこだわり、小さな店あるいは自分の手によって、一杯一杯の淹れ方にも工夫した新しいコーヒーを指す言葉だ。こうした概念自体は古くからあり、アメリカでは二〇〇〇年代初頭からサードウェーブという名で呼ばれるようになっていた。

サードウェーブコーヒーの提唱者のひとつ、
レッキンボールコーヒー（meli/FLICKR）

そこから転じ、サードウェーブコーヒーを嗜むようなライフスタイル全般に対し、この言葉が用いられるようになった。大量生産品も否定はしないが物の品質にはこだわり、本当に自分に必要な物だけを、できるだけ丁寧につくられたハンドメイド品の中から選び、可能な限りオーガニックな食品を食べ、シンプルにエコロジカルに、丁寧に暮らすという生活のことである。

サードウェーブ的なライフスタイルを志向する若者は、アメリカではヒップスターと呼ばれている。一九四〇年代のズーティーズカルチャーで生まれ、ビートの時代にも登場したヒップスター（21ページ、128ページ参照）が、ここに来てまたしても現れるのである。

二十一世紀のヒップスターは、中産階級の家庭で生まれ、比較的高水準の教育を受けて育ち、リベラル寄りの政治思想と非主流の価値観を持ち、デザイナーやアーティスト、フォトグラファー、IT系クリエイター、ミュージシャンなどクリエイティブ系の仕事に就いている、あるいは就きたいと思っている。これが典型的なイメージだ。

感覚が鋭敏な人

過去のカルチャーのヒップスターという呼び名は、〝感覚が鋭敏な人〟という意味合いで使われた。現代のヒップスターもほぼ同様の用いられ方で、流行に敏感な人のことを指す。最初にそう呼ばれたのは、一九九〇年代のニューヨークで独自のスタイルを追求した、ゲイコミュニティの白人男性たちだった。

ワークキャップをかぶり、日本ではティアドロップという呼び名で知られるアビエイター型のサングラス、あるいはウェリントン型の黒ぶちメガネをかけ、蝶ネクタイをする。ビルドアップした腕には派手なタトゥーを施し、それを見せるためにチェック柄の長袖シャツを腕まくりして着る。髪型はバーバーカットのツーブロック、あごにたっぷりとヒゲを蓄える……。まるで山男のようだとも評されたこんないでたちが、彼らの生み出したヒップなスタイルである。

サードウェーブ的なライフスタイルは後から付け加えられた概念だが、ファッション面だけを見ると、今日に続くヒップスタースタイルは彼らのセンスをリスペクトし、引き継いで発展させたものと考えられる。

日本で同じ志向を持つ人は、少し小ばかにしたようなニュアンスを含む、〝サードウェーブ系〟と呼ばれることが多い。さらに揶揄的な意味を込め、〝意識高い系〟と呼ばれたこともある。ちなみにフランスでは、ブルジョア・ボヘミアン（BOURGEOIS BOHEMIAN）を略し、ボボと呼ばれているが、これにも嘲るような意味合いが含まれている。

そして本場のアメリカでも実は、今日のヒップスターという言葉にはネガティブなニュアンスが含まれている。よって本人たちはヒップスターと呼ばれることを決して好んではいない。そのへんは、日本の若者がサードウェーブ系を自称しないのと同じだろう。

ヒップスターのライフスタイル

クラフトビールやクラフトコーヒー、クラフトチョコなど職人による手づくり食品と、ケールやアサイー、チアシードなどのスーパーフードが大好き。ヴィーガンやベジタリアンに憧れる健康志向。

ファッションで一番大事なのは、先行するアメリカのストリートスタイル、プレッピーやスケーター、グランジなどと共通する精神である〝こなれ感〟。シンプルなデザインのカジュアルウェアを、ゆるく、さりげなく着こなす。

オーセンティックなチェックのネルシャツやスウェットパーカ、カーディガン、スキニーデニムやくるぶし丈のチノパン、あるいはスウェットパンツが好み。ニットキャップかベースボールキャップをかぶり、職人メイドのだてメガネ（黒ぶちのウェリントンか鼈甲《べっこう》のボストン）かサングラスをかける。靴はニューバランスやコンバース、リーボックのスニーカー、あるいはワークブーツかアウトドアブーツ。

男性はサイドやバックを刈り上げるツーブロックの髪をポマードやワックスで七三分け、濃いめの口ヒゲ&あごヒゲ、女性はナチュラルメイク。

リュックかフライターグのメッセンジャーバッグを背負って自転車（同時期に流行したピストバイク率が高い）かスケートボードに乗り、ローカルな食材店や雑貨屋、倉庫や工場をリノベーションしたカフェを巡る。ニューヨーカーの場合は、エースホテルで仲間と親交を深める。

アートやインディロックが大好きで、オタク系カルチャーやポピュラー音楽は嫌い。写真集や画集、哲学本を求めておしゃれな書店に通い、小さな会場でおこなわれるマニアックなアーティストのライブや個展のチェックに余念がなく、音楽はCDでもデータでもなく、できればレコードで聴きたい。イヤホンやヘッドホンにはめちゃくちゃこだわり、家にはあまり弾けないけど、ギターなどの楽器が必ず置いてある。ＩＴ系メディアやテクノロジーに精通し、アップル信者。……これが典型的なヒップスターの姿だ。

ポートランディア

アメリカで二〇一一年からはじまり、二〇一八年の一月から三月にはシーズン8が放送された『ポートランディア』は、ポートランドに住む典型的なヒップスターの、いかにもなライフスタイルを描いたコメディドラマだ。

ヒップスターの生態が皮肉たっぷりに描写されているのだが、登場する店はポートランドに実在するものだったり、ヒップスターのファッションと生態もかなりリアルに描かれたりしており、逆にヒップスターに憧れる人にとっては教科書のようなドラマになっている。こうしたノリは、本書のアイビー、プレッピーの章で紹介した、『オフィシャル・プレッピー・ハンドブック』に近いものといえるだろう。

残念ながら日本語版は放送されていないが、一話は数分から十分程度とごく短いスケッチコメディなので、英語が苦手な人でもその雰囲気は十分理解できる。

『ポートランディア』DVD

ヒップスターとヒッピー

ヒップスターのライフスタイルは、一九六〇年代にサンフランシスコから発信され、世界中の若者を巻き込んだヒッピー、そしてそれに先行したビートジェネレーションの生き方を彷彿とさせる。実際、ヒップスターの大きな流れの中に含まれるノームコアやサードウェーブは、二十一世紀のヒッピー思想だという見られ方もされている。ヒップスターの〝ヒップ〟はヒッピーの語源のひとつであるHIP(先端的)と同じでもあるのだ。

一九六〇年代、ベトナム戦争が激化する中でヒッピーは増殖していった。対して、ヒップスターが大勢現れた二〇〇〇年代、アメリカは対テロ戦争の真っただ中。この時代背景の共通点も無視することはできない。

スティーブ・ジョブズとティモシー・フランシス・リアリー

ノームコアのアイコンの一人であるスティーブ・ジョブズが、かつて本物のヒッピーだったというのも有名な話だ。ジョブズの出身校であるオレゴン州のリード大学は自由を尊ぶ校風で、ヒッピー的なライフスタイルを送る学生が多いことで知られていた。ジョブズが一七歳で大学に入学したのは一九七二年なので、すでにムーブメントの成熟～終焉期であったが、学生時代のジョブズはヒッピー文化に心酔し、校内や街を裸足で歩きまわり、まったく風呂に入らない時期もあったという。またLSD使用による幻覚体験を、「人生でトップクラスの素晴らしい体験だった」と語ったこともある。そして彼は、個人が権力に対抗する手段として、パーソナルコンピュータ革命を実現する。

さらにいえば、一九六〇年代にLSDの普及活動をし、サイケデリックやヒッピーカルチャーの偉人として知られた心理学者、ティモシー・フランシス・リアリーは、晩年の一九九〇年代、LSDのような幻覚剤ではなく、もっぱらコンピュータによる精神拡大の可能性について語っていた。コンピュータはLSDと同様、創造的に生きるための力を強める道具になり得ると訴えていたのだ。

サードウェーブ、自然回帰、ラブ・アンド・ピース、ノームコア、サンダル履き、スティーブ・ジョブズ、サイケ、コンピュータ、LSD、SNSといった、時代も内容も一見ばらばらに思えるキーワード群は、ヒッピーという古めかしい物差しを使うことによって、見事に一直線につながるのである。

ポストヒップスター

二〇一八年現在、ヒップスターのトレンドは、いまだ大きな潮流として存続していると考えられる。しかしヒップスターは過去のさまざまなストリートスタイルの中でも、比較的長くトレンドが続いていて、そろそろ次が登場してもいい頃合いになっている。

ポストヒップスターとして、アメリカのメディアでは二〇一五年頃からヤッキー(YUCCIE)というキーワードが散見されるようになった。ヤッキーとは、ヤング・アーバン・クリエイティブ・クラスの意、つまり都会に住む若く知的でクリエイティブな人々のことである。この呼び名はいうまでもなく、一九八〇年代に流行したヤッピーに対するオマージュ。ミレニアル世代、つまり一九八〇年代半ばから二〇〇〇年代初頭の間に生まれた新世代のヒップスターというような意味合いが強い。

高学歴でクリエイティブな職に就くヤッキーは、都市にアクセスしやすい快適な郊外に住み、上質な物に囲まれながら自由な生活を謳歌している。ヒップスターにとってのポートランドに該当する象徴的な都市として、テキサス州の州都オースティンが注目され、そこにヤッキーが集まりつつある。

2014年サウス・バイ・サウスウエスト(SXSW)
開催中のオースティンの街
(Brandon Carson/FLICKR)

アメリカ南部にあり温暖な気候のオースティンは、大きな湖や州立公園がある緑豊かな土地で、歩行者や自転車に優しい街づくりをしている。ジャズやブルースを生んだ南部の都市であることから、音楽を愛する土地柄として知られ、街を挙げておこなわれる世界最大級の音楽イベント、サウス・バイ・サウスウエストが毎年開催される。現在のサウス・バイ・サウスウエストは音楽だけではなく、映画、インタラクティブ、ゲーム、コメディといった複合的な祭典である。そして、ヒップスター御用達のホールフードマーケット発祥の地であり、オーガニックなレストランも多い。

ヤッキーのファッションは、基本的にはヒップスターの系譜を継いでいるが、ヒップスターが好んだ濃いヒゲや目立つタトゥーはあまり見られない。ビールよりもワインを好み、おいしいコーヒーと職人のつくったドーナツを愛する。もちろん、テクノロジーに精通するデジタルネイティブで、インスタグラムでは何千人ものフォロワーを持つ人もいる。インスタにアップするため外食も好むが、家で健康的な食べ物をつくる能力が高い。

しかし、こうして列挙してみてもヒップスターとの大きな違いは見出しにくく、ヤッキーの独自性がはっきりしてくるのはこれからなのかもしれない。現時点ではヒップスターという大きな流れの中にいる、弟世代にすぎないと見られている。それほど、このヒップスターのトレンドは根強いものなのだ。

二十一世紀のヒッピー

かつてのヒッピーは、物質文明を強く否定して精神世界を追求するあまり、マリファナやＬＳＤなどのドラッグと強く結びついたり、反体制運動を繰り広げ、原始共産制の社会を理想としたコミューンをつくったりと、短期間で過激なカルチャーを形成したため、最後には空中分解するように消え去った。

対する二十一世紀のヒップスターは、実社会とうまく適応しながら、自分だけの理想の生き方を追求しようとするソフトなカルチャーとして落ち着き定着した。

一九六〇年代のヒッピーは「私は変わった、あなたも変わりなさい、そして世界中の人も変わるべき」という押しつけがましさがあったのに対し、二十一世紀のヒップスターは、「私は変わって快適に暮らしている。だからあなたも世界中の人も好きにしたらいい」という、ゆるやかで冷めたスタンスをとった。一九六七年、フラワーチルドレンはサンフランシスコに集い、我が身を花で飾って道行く人にも花を配って回ったのに対し、現在、世界中に分散しているヒップスターは、ナチュラルなインテリアの自室の窓辺に、多肉植物の鉢植えをひっそりと飾っているのだ。それゆえに、ヒップスターのカルチャーは今後も続いていくのかもしれない。

その一方、テンプレート化したライフスタイルとファッションを嘲笑する声や、消費を批判しつつ新たな消費を生み出しているだけだとの声も大きくなってきている。二〇一六年に公開されたアメリカ映画、リブート版の『ゴーストバスターズ』には、いかにもヒップスターなナルシストのイケメン君が、間抜けの代表のような立ち位置で登場する。

やはりこれまでのストリートスタイルと同様、間もなく終焉を迎え、まったく新しいトレンドが生まれるのだろうか。注目である。

参考文献

□ TAKE IVY〈復刻版〉／林田昭慶・写真／石津祥介、
くろすとしゆき、長谷川元・著／婦人画報社／ 1973
□ Mods! ／ Richard Barnes ／ Plexus Pub ／ 1979
□ 絵本アイビーボーイ図鑑／穂積和夫／講談社／ 1980
□ オフィシャル・プレッピー・ハンドブック／リサ・バーンバック・編
／宮原憲治・訳／講談社／ 1981
□ SKINHEAD ／ Nick Knight ／ Omnibus Pr & Schirmer Trade Books ／ 1983
□ 宝島　1月号／ JICC出版局／ 1987
□ ザ・ロック・レガシー／宝島編集部・監修・訳／ JICC 出版局／ 1992
□ クラブ・ミュージックの文化誌―ハウス誕生からレイヴ・カルチャーまで
／野田努、『宝島』編集部・編／ JICC 出版局／ 1993
□ ベスト・オブ・ザ・パンク・ロック／森脇美貴夫／宝島社／ 1993
□ ザ・ストリートスタイル／高村是州／グラフィック社／ 1997
□ ALL AGES:Reflection on Straight Edge ／ Beth Lahickey ／ Revelation Books ／ 1998
□ イギリス「族」物語／ジョン・サベージ・著／岡崎真理・訳／毎日新聞社／ 1999
□ SKINS ／ Gavin Watson ／ John Blake ／ 2000
□ 新ファッションビジネス基礎用語辞典〈増補改訂第7版〉／チャネラー／ 2001
□ BIBA　スウィンギン・ロンドン 1965-1974 ／長澤均
／ブルース・インターアクションズ／ 2006
□ スウィンギン・シックスティーズ ファッション・イン・ロンドン 1955-1970
／ジェニー・リスター・監修／クリストファー・ブリュワード、デヴィッド・ギルバート、
ジェニー・リスター・原著／古谷直子・訳／ブルース・インターアクションズ／ 2006
□ ザ・ピストバイク・バイブル／宝島社／ 2007
□ 別冊宝島 1504　おしゃれ革命／宝島社／ 2008
□ 丘の上のパンク―時代をエディットする男・藤原ヒロシ半生記／川勝正幸／小学館／ 2009
□ メンズ・ファッション用語大事典／吉村誠一／誠文堂新光社／ 2010
□ カルト・ストリートウェア／ジョシュ・シムズ・著／神田由布子・訳
／ブルース・インターアクションズ／ 2010
□ メンズウェア 100 年史／キャリー・ブラックマン・著／桜井真砂美・訳
／ブルース・インターアクションズ／ 2010
□ メディアと社会／名古屋大学大学院国際言語文化研究科／ 2010
□ 2011 年イギリス「8月暴動」をめぐる諸議論 ―社会的排除との関連から―
／齊藤健太郎／京都産業大学／ 2011
□ Brooks Brothers 2011-12 autumn/winter collection ／宝島社／ 2011
□ TRUE PREP　オフィシャル・プレッピー・ハンドブック／リサ・バーンバック、
チップ・キッド・著／篠儀直子・訳／山崎まどか・日本語版監修／ P ヴァイン・ブックス／ 2012
□ ポップ中毒者の手記／川勝正幸／河出書房新社／ 2013
□ 反抗としてのランニング――アラン・シリトー『長距離ランナーの孤独』について
／高橋大樹／戸板女子短期大学／ 2014
□ THE BAG I'M IN ／ Sam Knee ／ Cicada Books ／ 2015
□ WHAT'S NEXT ? TOKYO CULTURE STORY ／マガジンハウス／ 2016
□ AMETORA　日本がアメリカンスタイルを救った物語／デーヴィッド・マークス・著
／奥田祐士・訳／ DU BOOKS ／ 2017
□ REBEL THREADS:Clothing of the Bad, Beautiful & Misunderstood
／ Roger K. Burton ／ Laurence King Publishing ／ 2017
□ チャヴ　弱者を敵視する社会／オーウェン・ジョーンズ・著／依田卓巳・訳／海と月社／ 2017

おわりに

私はスタイリストやデザイナーのように、ファッションに関して天性のセンスを持っているわけではないし、高級ブランドや最新トレンドの服に興味もない。服で女性にモテようと考えたこともない。いつも好きな音楽が先にあり、それを追いかけるうち必然的に好きな服は決まっていった。

ニューウェーブとハードコアパンクの洗礼を受けたのは一四歳、一九八三年頃だった。まだ自分の小遣いで服を買うことなどできないから、雑誌の中のロックスターをただ眺め、自分の姿を投影していた。今風にいえば、中二病である。

日本のインディーズブーム時代だったので和製パンクにはまり、ルーツをさかのぼって一九七〇年代のロンドンパンクとネオモッズ、さらに一九六〇年代のブリティッシュビートに傾倒していった。カッターでトゥ部分の革を切り取り、スティールをむき出しにした安全靴を履いて高校に通った。切り刻み、安全ピンでつないだTシャツとジーンズを、組んでいたパンクバンドの衣装にした。

なけなしの小遣いを握って原宿へ行き、竹下通りのジムズインで鋲つきリストバンドを、明治通り裏のスウィッチでザ・フーのワッペンを買った。セディショナリーズが売られているというア・ストア・ロボットにも行ったが、高い物ばかりで何も買えずに悔しい思いをした。

大学に入学し、バイト代で懐が潤うと、東京ファントムでモッズコート、スウィッチでキャバーンのモッズスーツ、竹下通りの丸玉商店でロボットのラバーソールを買った。友人に誘われるまま入ったのは、スキンズが集まる音楽サークルだった。オイ!とスカとレゲエを聴き、チェリーレッドのドクターマーチンとサスペンダー、フレッドペリーのポロシャツを買った。

ザ・ストーン・ローゼズのファーストアルバムに衝撃を受け、現在進行形のマッドチェスタームーブメントを追いかけるようになった。だが、マッドチェスタースタイルは難しかった。情報が乏しく、どんな店でどんなアイテムを買えばいいのか、見当がつかないのだ。お手本とすべくマンチェスターのミュージシャンを写真で見ても、誰も彼もパッとしないルックスに思える。とりあえず、これまでのロックファッションにはなかったような、ダボダボでダサい雰囲気の服がいいんだなと理解した。下北沢の古着屋でオーバーサイズのバギーパンツとサッカーシャツを、吉祥寺の33 1/3rpmでギオ・ゴイのロングTシャツを買った。ヘアサロンへ駆け込み、マッドチェスター風のマッシュルームカットにしてもらおうと試みたが、全然うまくいかなかった。美容師にとっても、珍しいオーダーだったのだろう。

ストレートエッジの存在を知ったのはその後だ。短パンとバンドTシャツ、チャンピオンのスウェットパーカ、アディダスのスニーカーといったアイテムがあればスタイルは完成するので楽勝だった。ストレートエッジの禁欲主義的生活は、半分くらい実行できただろうか……。

出版社に就職した頃、ブリットポップブームが起こり、ニューモッズスタイルが流行りはじめた。学生時代に並木橋のレディ・ステディ・ゴーで買っていたロンズデールやフレッドペリー、ベンシャーマンの服、ロークのタッセルローファーを引っぱり出した。ファッション誌の編集部に配属されたのは一九九〇年代後半、二八歳の頃だった。ア・ベイシング・エイプを筆頭とする裏原宿ムーブメントが巻き起こっていた……。

ストリートスタイルの本質がアンチファッションであるとするならば、ファッション産業に取り込まれたスタイルは、いうなればプロファッションだ。そして若き頃の自分が追い求めていたもののほとんどは、リアルタイムのムーブメントではなかった。すでにメディアによっていじり尽くされ、コマーシャリズムに乗ったプロファッションだったのだ。アンチファッションに少し近づけたのは、学生時代に遭遇した現在進行形のムーブメントであったマッドチェスターだけだったのかもしれない。

本書の中でも触れたが、マッドチェスターという呼称は後年になってから定着したもので、当時はこれという呼び名がなく、曖昧に〝マンチェスター系〟あるいは〝おマンチェ〟などと呼ばれていた。東京にいてもビシビシと伝わってきた当時のあの熱気が、セカンド・サマー・オブ・ラブと呼ばれていたことも、後年になってから知った。

現在進行形のカルチャーであるがゆえ、メディアの情報にもまとまりがなく、なぜダボダボな野暮ったい服がクールなのか、理由もはっきりと分からなかった。だが、手探りながら自分でもそういう格好をしてみると、確かにムーブメント当事者になった気がした。サークルの溜まり場や夜のクラブに行けば同好の仲間がいて、気分が高揚した。本書で紹介した様々な時代のあらゆるストリートスタイルも、当事者はおそらくそんな気分を味わっていたのではないかと思う。

ストリートスタイルは若者のためのものだから、自分はその中心地にいる資格も、発信者となる資格もとうに失っている。今はただ、トラッドとなったストリートウェアを身にまとい、アーカイブとしてのおしゃれを楽しむのみだ。

ストリートスタイルというのは意外にも、伝統を重視し、先人がつくったスタイルを尊重することに価値を置くものだ。そう、我々がストリートスタイルだと思っているファッションのほとんどは、先人がつくったスタイルを尊重するストリート・トラッド、つまりストリート生まれのファッションのアーカイブなのだ。

本物のアンチファッションである真新しいストリートスタイルは、今も世界のどこかの街角、あるいは現代のストリートであるヴァーチャル空間で、人知れず産声をあげているに違いない。

SEPTEMBER SKIES

ストリートスタイルの歴史をできる限り網羅しようと試みた本です。初めて知る話に驚かれた方もいるでしょうし、思い入れのあるジャンルには物足りなさを感じた方もいるでしょう。僕自身も、資料をひっくり返しながら苦労して書いた項目もあれば、ほとんど何も見なくても筆が走りすぎてしまった項目もあります。そのあたりはどうか、ご容赦ください。

本書の制作にあたり、たくさんの方々にお力添えをいただきました。

まず、愛のある素晴らしいイラストを描いてくださった矢沢あいさん。おかげでこの本に温かい血が通ったと思っています。かっこいい装丁を作ってくださった岩瀬聡さん。初対面の際にモリッシーのTシャツを着ている姿を拝見した時から、いつか一緒に仕事をしたいと思っていました。smart編集部員時代からの長い付き合いのデザイナー矢野知子さん。多くを言わなくても意図が伝わる心地よさはかけがえのないものです。集英社の志沢直子さん。僕も編集者のはしくれですが、志沢さんの編集に対する情熱とスキルには、とてもかなわないと思っています。本書執筆のきっかけとなるウェブでのコラム執筆を依頼してくださり、本書作成にあたっては貴重な画像をご提供いただいたヒットユニオンの北條久生さんと堀口達矢さん。参考文献としてあげた書物や、ここには書ききれませんでしたがストリートカルチャーに関する様々な記録や考察を残してくださった諸先輩方。的確な校正をしてくださった加藤優さん。そして何より、最後まで読んでいただいた読者の皆様。

ありがとうございました。

2018年9月
ザ・ブライアン・セッツァー・オーケストラ「September Skies」を聴きながら

佐藤誠二朗

—CAST—

JIN APOLLO LOUIS

佐藤誠二朗（さとうせいじろう）
1969年東京都生まれ。早稲田大学人間科学部卒業。児童書出版社を経て宝島社へ。雑誌「宝島」「smart」の編集に携わる。2000年～2009年は「smart」編集長。2010年に独立し、フリーの編集者、ライターとしてファッション・カルチャーから健康・家庭医学に至るまで幅広いジャンルで編集・執筆活動を行っている。法人名であるボノボプロダクション名義を含め、『ただしいむすび方86』『ただしい着こなし86』（ともに学研パブリッシング）、『糖質制限の真実』『カロリー制限の大罪』（ともに幻冬舎）、『ビジネス着こなしの教科書』『働く人のための最強の休息法 』（ともにディスカヴァー21）、『ベストカープラス』『ベストドレッサー・スタイルブック』（ともに講談社ビーシー）、『宝島AGES』『STUSSY 2017 FALL/HOLIDAY COLLECTION』（ともに宝島社）、『DROPtokyo 2007-2017』『ボンちゃんがいく☆』（ともに集英社）など、編集・著作物多数。個人名義の単著としては本書が初著作である。

矢沢あい（やざわあい）
1985年「りぼんオリジナル」早春の号に掲載の『あの夏』で漫画家デビュー。以降『天使なんかじゃない』『ご近所物語』『Paradise Kiss』『NANA-ナナ-』など、数々のヒット作を世に送り出す。繊細に描き込まれた洗練度抜群の絵柄とリリカルでドラマティックなストーリーは多くのファンの心をつかんで離さない。ファッションやストリートカルチャーへの造詣も深く、すべて描きおろしとなる本書イラストも、史実に忠実でありつつ、独自の流麗なタッチで執筆。

ストリート・トラッド
～メンズファッションは温故知新《おんこちしん》

2018年10月10日　第1刷発行

著　者　佐藤誠二朗《さとうせいじろう》
発行者　茨木政彦
発行所　株式会社　集英社
〒101-8050　東京都千代田区一ツ橋 2-5-10
電話　編集部　03-3230-6143
読者係　03-3230-6080
販売部　03-3230-6393（書店専用）
印刷所　凸版印刷株式会社
製本所　株式会社ブックアート

ISBN978-4-08-788001-4　C0095